ANNIKA STAHL

Kriminelles Hamburg

1.000 JAHRE VERBRECHEN AN ALSTER UND ELBE

Hamburger Abendblatt

Stahl, Annika
Kriminelles Hamburg – 1.000 Jahre Verbrechen an Alster und Elbe

HAMBURGER ABENDBLATT in Kooperation mit:
Bast Medien GmbH, St. Ulrich-Str. 11, 88662 Überlingen
(verantwortlich)
1. Auflage 2023
ISBN: 978-3-946581-97-0

Lektorat: René Stein
Covergestaltung: Melanie Kunze
Layout, Grafik & Satz: Melanie Kunze
Druck: Mohn Media Mohndruck Gmbh; Gütersloh

Von den Machern der preisgekrönten Reihe „Geheimnisse der Heimat"

Inhalt

Vorwort

Wenn es um die Freie und Hansestadt Hamburg geht, dann kommen Ihnen sicherlich der Hafen und die Reeperbahn in den Sinn, oder Sie denken an die historische Speicherstadt, den „Michel“ oder sehen das neue Wahrzeichen der Stadt vor sich – die Elbphilharmonie.

Hamburg besteht jedoch aus weit mehr als den vielen Sehenswürdigkeiten und Attraktionen, den zahlreichen Einkaufsmöglichkeiten und architektonischen Highlights. Jedes Viertel, jede Straße und Häuserecke sowie die zahlreichen Gänge und Fleets erzählen ihre eigene Geschichte, zu der auch die dunklen Seiten der Stadt und ihrer Menschen gehören: Mord, Gewalttaten, Fälschungen, Verleumdungen und Ungerechtigkeiten.

Autorin und Archäologin Dr. Annika Stahl hat sich für Sie mit stadt- und fachkundigen Menschen unterhalten, um ausgewählte historische Verbrechen der vergangenen 1.100 Jahre genauer unter die Lupe zu nehmen: Sei es eine im 13. Jahrhundert gefälschte Kaiserurkunde, die Verfolgung einer unschuldigen Frau als Hexe des 16. Jahrhunderts, eine Gattenmörderin, die 1786 ihrem Mann im Schlaf die Kehle durchschneidet oder ein Brandstifter, der im Alstertal sein Unwesen treibt. Auch stadtbekannte Gräueltaten wie die Verbrechen der Kindsmörderin Elisabeth Wiese oder die spektakulären Einbrüche des „Lord von Barmbeck“ fanden Eingang in das Buch.

In den kurzweiligen Geschichten rund um die historischen Kriminalfälle tauchen Sie in die Atmosphäre und Spannung der Vergangenheit ein, um das Verbrechen im Anschluss mit detektivischem Blick zu analysieren. Begeben Sie sich auf eine spannende Tour durchs kriminelle Hamburg. Auch bei diesem sechsten Buch, das in Kooperation zwischen dem Hamburger Abendblatt und dem Bast Medien Verlag entstanden ist, werden Sie allerhand Überraschungen erleben. Versprochen!

Herzlichst, Ihr

Lars Haider,
Chefredakteur
Hamburger Abendblatt

Die Autorin

Dr. Annika Stahl, 1987 im schwäbischen Aalen geboren, hat in Heidelberg und Frankfurt Archäologie studiert und 2019 in der Vor- und Frühgeschichte über die Bestattungsriten der westafrikanischen *Nok-Kultur* promoviert. Beruflich wie privat folgt sie ihrer Sehnsucht nach fernen Orten und fremden Kulturen und stillt dabei ihren Wissensdurst: von den Türmen des Schweigens im iranischen Yazd über antike Handelsrouten im Oman zu paläolithischen Fundstellen des südlichen Afrikas. Doch der Wunsch, das gesammelte Wissen über die faszinierende Reise der Menschheit zu teilen, veranlasste die Archäologin sich ihrer zweiten Leidenschaft – dem Schreiben – zu widmen.

Als freiberufliche Autorin macht sie sich es seitdem zur Aufgabe, zwischen Wissenschaft und Publikum zu vermitteln und historische Fakten in „bekömmliche Happen" zu verwandeln.

So lernen interessierte Leserinnen und Leser in kurzweiligen Schilderungen unterschiedliche Epochen, kuriose Überlieferungen und geschichtliche Hintergründe kennen. Und Spannendes findet sich nicht nur in der Ferne, sondern auch vor der eigenen Haustüre – hinter jeder Ecke schlummern Geschichten, die darauf warten, erzählt zu werden. Für das vorliegende Buch hat sich die Autorin den Schattenseiten Hamburgs gewidmet und sich in der Stadt auf die Suche nach historischen Verbrechen, illegalen Machenschaften und geschehenem Unrecht gemacht.

Todsünde

Der Geist ist willig, das Fleisch schwach

St. Jacobi im Jahr 1830, mehr als vierhundert Jahre nach einer Mordtat, bei der laut Überlieferung ein Küster beteiligt gewesen sein soll.

Haus des Küsters der Kirche St. Jacobi, im Jahr 1389

Der Körper war schwerer, als er dachte. Unter lautem Ächzen rollten sie ihn ein Stück nach vorne, während ihnen von den hohen Flammen im Kamin Hitze entgegenschlug. Nur ein Stückchen weiter, dann würde das Feuer den leblosen Körper verzehren – so zumindest der Plan. „Noch einmal", drängte die Frau. Gemeinsam schoben sie erst den Oberkörper, danach den Rest des Leichnams ins Feuer und ließen sich erleichtert auf den Boden fallen.

Als der Küster die Flammen vor seinen Augen tänzeln sah, musste er unweigerlich an die versengende Hitze des Höllenfeuers denken. Ob das sein Schicksal sein würde? Schließlich hatte er heute mehr als nur eine Todsünde begangen. Aberhunderte Male hatte er die Predigten des Pastors gehört, und als Küster der Kirche des Heiligen Jacobus stand er dem Gotteshaus näher als jeder andere. Er blickte zu der Frau und sah, wie das warmgelbe Licht ihre vollen Lippen umspielte und erneut Erregung in ihm aufstieg. *Aber das Fleisch ist schwach.* Es war nicht das erste Mal, dass sie zur später Stunde, wenn ihr Gatte im Rausch wieder gewaltsam geworden war, an seine Tür geklopft hatte. Dieses Mal hatte sie allerdings keine tröstende Schulter gesucht, sondern ihn um seine Hilfe gebeten. Bevor er reagieren konnte, hatte sie ihn schon an der Hand gepackt und war gemeinsam mit ihm im Schutz der Dunkelheit zu ihrem Haus geeilt. Dort angekommen stellten sich ihm seine Nackenhaare auf, als er merkte, dass der Kopf ihres Gatten, der auf einem Stuhl vor dem Kaminfeuer saß, in einem bizarren Winkel vom Hals herabhing. Sie hatte ihn enthauptet. „Du weißt, wie schlecht er mich behandelt hat", flüsterte sie und verdeckte mit ihrem Körper den grausamen Anblick, indem sie sich vor den Küster stellte. Behutsam legte sie ihre Hände um dessen Gesicht. „Sobald wir ihn haben verschwinden lassen, gibt es nur noch uns beide.“ Er spürte ihren Atem, sah ihre großen Augen, ihr kleines Näschen und die vollen Lippen. „Was sollen wir machen?“, fragte er entschlossen.

Scharfer Qualm riss ihn aus seinen Gedanken. Er bemerkte, dass das Feuer zu ersticken drohte. Die peitschenden Flammen hatten sich bereits in eine dunkle Rauchwolke verwandelt. Hustend riss er die Fenster auf, durch die der Qualm nach draußen drang. Während seine Gedanken hin- und her sprangen, was jetzt zu tun sei, – die Frau starrte noch immer gebannt auf den Leichnam –, hörte er Stimmen vor dem Haus. „Feuer!“, rief eine Frauenstimme. *Hätten wir ihn doch in dem Grab neben der Kirche gelassen!* Doch beide hatten gewusst, dass ein frisches Grab am Morgen aufgefallen wäre. Just in diesem Moment klopfte es an der Tür. „Alles in Ordnung?“, fragte eine andere Stimme. „Ja“, brüllte er. „Ja! Alles gut! Nur feuchtes Holz“, schob er mit gepresster Stimme hinterher. Er musste die Leiche verstecken – und zwar schnell. Es klopfte erneut an der Tür. „Der Rauch stinkt absonderlich!“, vernahm er eine dritte Stimme. Die Gattin des Toten saß noch immer am Boden und starrte ins Leere, er allein musste eine Lösung finden. Ihm blieb nur eine Möglichkeit: Er eilte zur Tür, öffnete sie einen Spalt und schaute einer neugierigen Frau ins Gesicht. „Alles ist in bester Ordnung“, sagte er mit ruhiger Stimme. Doch ein heftiger Windstoß wirbelte Glut hinter seinem Rücken auf. „Feuer!“, schrie die Frau in der Türe und drängte sich am Küster vorbei. Während sie versuchte, die aufgewirbelte Glut einzudämmen und der Küster ihr mehrmals versicherte, dass alles in bester Ordnung sei, standen die zwei Männer, die mit der Nachbarin gekommen waren, im Hauseingang, unfähig, die Augen vom Kamin abzuwenden, in dem der enthauptete Leichnam lag.

Im Jahr 1390 lässt eine Gattenmörderin ihr Leben auf dem Scheiterhaufen, während ein Küster erdrosselt und gerädert wird – so lauten die bekannten Tatsachen. Das Todesurteil war die Bestrafung für die beiden Delinquenten, dessen Verbrechen der Jurist und Chronist Adam Tratziger im 16. Jahrhundert in seiner Hamburgischen Chronik schildert: Die Ehefrau eines Stadtdieners war mehrfach untreu gewesen, woraufhin der Gehörnte seine Gattin vor aller Augen demütigte. Als dieser – zu Hause angekommen – auf einem Stuhl eingeschlafen war, enthauptete die Frau ihn mit einem Schwert. Daraufhin ging sie zum Küster der Kirche St. Jacobi, mit dem sie ebenfalls Unzucht trieb, und ersuchte seine Hilfe. Nachdem sie den Leichnam des Stadtdieners im Kirchhof vergraben hatten, kehrten sie zurück in dessen Haus, doch aus Furcht, das frische Grab würde am nächsten Morgen auffallen, entschlossen sich die beiden, den Leichnam in einem großen Feuer im Haus des Küsters zu verbrennen. Der Gestank und die Flammen weckten allerdings die Nachbarn, die das Verbrechen daraufhin meldeten. Als Strafe für ihre Taten wurden beide mit dem Tode bestraft. Bis ins Jahr 1750 sollen zwei Figurenköpfe – die einer Frau und eines Mannes – als Mahnung über der Haustüre des Küsters angebracht worden sein, wie es in einer späteren Abschrift der Überlieferung Tratzigers geschrieben steht. So lautet die Sage um die beiden Köpfe der Kirche St. Jacobi. Doch es ist und bleibt – eine Sage. Oder etwa nicht?

„Der Inhalt der Sage erinnert mich an eine biblische Geschichte", sagt Christine von Seht, die in der Kirche St. Jacobi Führungen gibt. So enthauptet Judit im gleichnamigen Buch den assyrischen Heerführer Holofernes, der die Stadt Betulia belagerte. Zuvor hatte die bezaubernde Schönheit dessen Vertrauen gewonnen und ihn mit Wein wehrlos gemacht. Anders als in der biblischen Erzählung allerdings, in der Judit als Heldin beschrieben wird, dank derer die Belagerung der jüdischen Stadt beendet werden konnte, genießt die Gattin in der Sage um die Köpfe der Kirche St. Jacobi einen mehr als schlechten Ruf: „Als Frau war sie, wie zu dieser Zeit häufig üblich, an allem schuld: Als schöne Frau lief sie Gefahr, als Ehebrecherin diffamiert zu werden, die auch noch ihren Gatten ermordete – und zudem den armen Küster verführte", merkt

„Der Inhalt der Sage erinnert mich an eine biblische Geschichte."

die Kirchenführerin an. „Es ist auffällig, wie schlecht die Frau wegkommt."

Dass mit der Erzählung etwas nicht stimmen kann, wird anhand verschiedener Aspekte deutlich: „Eine Enthauptung mittels Schwert ist nicht gerade einfach", fährt die studierte Latinistin und Geografin fort. „Selbst für geübte Scharfrichter stellte es eine große Herausforderung dar – und nicht selten ging etwas dabei schief." Jemanden zu köpfen erfordere nicht nur Kraft, sondern auch Koordination und Erfahrung. Dass eine Frau, die weder mit den nötigen anatomischen Kenntnissen noch mit einer richtigen Handhabung der Waffe vertraut ist, ihren Gatten enthauptet, sei doch sehr unwahrscheinlich. Auch einen leblosen Körper durch die Gassen der Stadt zu tragen, selbst nachts, konnte nur eine Frage des Glücks sein: Mit großer Wahrscheinlichkeit wären sie einem patrouillierenden Nachtwächter in die Arme gelaufen, der ein ordentliches Sümmchen eingestrichen hätte, wäre er ihnen begegnet.

„Eine Enthauptung mittels Schwert ist nicht gerade einfach. Selbst für geübte Scharfrichter stellte es eine große Herausforderung dar."

Was für die Kirchenführerin allerdings plausibel klingt, ist die Lokalisierung der Kirche St. Jacobi. „Die erste Erwähnung von St. Jacobi stammt aus einer Urkunde des Jahres 1255. Die Beginen, die nicht weit entfernt ihren Sitz hatten, haben einen Obstgarten in der Nähe geschenkt bekommen – und in diesem Zusammenhang wird St. Jacobi erwähnt." Entstanden sei das Gotteshaus als Kapelle für den Heiligen Jakob, von der allerdings nicht viel überliefert ist. Vermutlich bestand der allererste Bau zunächst aus Holz, denn erst nach dem Stadtbrand im Jahr 1280 wären die Menschen verstärkt dazu übergegangen, mit Ziegeln zu bauen. Überliefert sei hingegen, merkt die Kirchenführerin an, dass die Kapelle zu dieser Zeit noch außerhalb der Stadtmauer gelegen habe, östlich des sogenannten Heidenwalls. „Erst nach der Erweiterung der Stadtmauer um 1260 wurde das Areal um St. Jacobi in den Mauerring einbezogen. Zu der Zeit war auch die ‚Steinstraße', die direkt am Gotteshaus vorbeiführt, bereits gepflastert", fährt die Hamburgerin fort. Von einer dichten Bebauung war allerdings noch keine Spur – im Umfeld befanden sich vor allem Gärten und Äcker. „Die Gegend war in dieser Zeit sehr landwirtschaftlich geprägt. Aus dem Jahr 1300 ist ein Erlass überliefert mit der Auflage, das Vieh nicht mehr über den Kirchhof zu treiben", merkt die Geschichtsinteressierte an. Ab Mitte des 14. Jahrhunderts sei mit dem Bau der heutigen Kirche begonnen worden. „Die Bauarbeiten nahmen im Osten ihren Anfang, während der westliche Teil zunächst weiter bestand. Erst mit Beginn des 15. Jahrhunderts waren die Arbeiten dann abgeschlossen." Zur Zeit des vermeintlichen Verbrechens war der Kirchenneubau also beinahe komplett fertiggestellt. Auch dass der Küster und die Frau den Leichnam zunächst im Kirchhof vergraben haben sollen, würde gut passen: „Bis zur Besetzung Hamburgs durch Napoleon im Jahr 1806 lagen viele Friedhöfe direkt an der Kirche. Verstorbene, die einen größeren Betrag gezahlt hatten, konnten sich auch innerhalb der Kirche bestatten lassen", erklärt die Hamburgerin. Erst mit dem 1813 durch die französische Besatzungsmacht erlassenen Verbots, das auch nach Abzug der Truppen Bestand hatte, seien die Toten nicht mehr neben oder in der Kirche selbst bestattet worden.

„Vermutlich hat die Gattin in der Nähe der Kirche gelebt", überlegt die gelernte Betriebswirtin. „Der Radius, in dem sich die Menschen im späten Mittelalter zumeist bewegten, war nicht besonders groß, etwa vier- bis achthundert Meter", merkt sie an. „Vielleicht zum Markt, in eine Wirtschaft – und zur Kirche." Daher habe sie den Küster vermutlich gekannt – und möglicherweise auch lieben gelernt. „Man muss bedenken", fügt Christine von Seht ihren Überlegungen hinzu, „dass die Kirche an der Steinstraße lag, einer der ersten gepflasterten Straßen überhaupt in Deutschland." Diese Novität habe nach Lübeck geführt, weshalb entlang dieser Route sicherlich allerhand Menschen vorbeigekommen seien – Kaufleute, Pilger und Reisende aus verschiedensten Regionen. „Das hat sicherlich Eindruck auf die Frau gemacht. Vielleicht litt sie auch unter ihrem Ehemann, vielleicht war er ein Säufer und ihr gegenüber gewaltsam, und sie sehnte sich

„Der Radius, in dem sich die Menschen im späten Mittelalter zumeist bewegten, war nicht besonders groß, etwa vier- bis achthundert Meter."

danach, ihm zu entfliehen." Zumal der Küster schon damals eine wichtige Person gewesen sei, merkt die Hamburgerin an: „Ursprünglich hatte der ‚custos' die Aufgabe, nur ‚würdige' Leute in die Kirche eintreten zu lassen. In späteren Zeiten führte er die Kirchenbücher, und war in Barockzeit der einzige, der den Hauptpastor bei der Predigt vertreten durfte. Wir können davon ausgehen, dass er auch im späten Mittelalter hoch angesehen war." Suchte die Frau beim gebildeten Küster also Zuflucht, Schutz und Geborgenheit vor ihrem trunksüchtigen Mann?

Christine von Seht ist Latinistin und Geografin sowie Betriebswirtin. Als ehrenamtliche Mitarbeiterin und ehemalige Gemeindesekretärin der Hauptkirche St. Jacobi gibt sie immer wieder Kirchenführungen.

„Nicht belegt ist, wo der Küster gewohnt hat", bedauert Christine von Seht. „Wir wissen nicht, wo sein Haus gestanden hat und wann genau es abgerissen wurde. Ich nehme aber an, es war ein kleiner Bau, der sich neben der Kirche befand." Zumindest im Jahr 1750 muss es noch gestanden haben, denn laut der Sage waren die beiden Köpfe als Mahnung über dem Eingang des Küsterhauses angebracht. Dass diese allerdings tatsächlich in Zusammenhang mit dem Verbrechen gestanden haben, bezweifelt Christine von Seht, die in St. Jacobi regelmäßig Führungen gibt. „Ich denke, dass die Köpfe woanders herstammen und irgendwann zur ‚Zierde' dort angebracht wurden. Später würde ihnen dann diese Geschichte zugeschrieben." Eine Geschichte, die – je nach Variante – so weit geht, dass der Tote der Stadtvogt selbst gewesen sein soll. „Das stimmt sicherlich nicht, denn dann wäre das in den Gerichtsakten aus der Zeit festgehalten worden." Und der Blick in die Liste der in Hamburg Hingerichteten zeigt, was tatsächlich aus dem Jahr 1390 überliefert ist, wie Wilhelm Louis Meeder 1839 schreibt: „*Anno 1390 ist allhier eine Stadtdienersfrau, welche ihren Mann ermordet, nebst dem Küster zu St. Jacob, der auch um diese Mordtat gewußt und her nach Unzucht mit dieser Frau getrieben, gerichtet. Sie ist lebendig verbrannt, der Küster gerädert und aufs Rad gelegt*".

Der Küster von St. Jacobi soll einer Frau dabei geholfen haben, den Leichnam ihres Mannes verschwinden zu lassen.

Die Hinrichtungen der Gattenmörderin und des Küsters seien die allersten in Hamburg, die überhaupt überliefert sind, merkt Christine von Seht an. Drei Zeilen Text sind es also, aus denen die Sage entsprungen ist? Einen wahren Kern scheint die Geschichte um die untreue Frau anscheinend gehabt haben, denn drei Jahrzehnte später schildert der Dominikanermönch Hermann Korner den Fall in seiner *chronica novella*, auf die sich Adam Tratziger im 16. Jahrhundert stützt. Ein Blick in die Aufzeichnungen des Ordensbruders zeigt, dass die Geschichte, die sich 1389 zugetragen haben soll, in groben Zügen mit den späteren Varianten übereinstimmt. Eine entscheidende Abweichung betrifft hingegen die vermeintliche Mordwaffe: Denn Korner nutzt das lateinische Wort *bipennem*, abgeleitet von *bipennis* – was kein Schwert, sondern eine zweischneidige Axt war. Zudem schlägt sie damit nicht ihrem Mann den Kopf ab, sondern hackt ihm damit in den Hals – was das Vorgefallene deutlich plausibler erscheinen lässt. Der gewichtigste Unterschied zwischen den Aufzeichnungen Korners und den Abschriften Tratzigers ist allerdings der vermeintliche Ort des Geschehens: Laut dem Mönch soll sich das Verbrechen in einem Hamburger Ort namens *Nyendorp* zugetragen haben – dem heutigen Stadtteil Niendorf. Erst Adam Tratziger nennt die Kirche St. Jacobus. Und mit der Verknüpfung des Verbrechens mit den beiden Steinköpfen im 18. Jahrhundert war die Sage schließlich komplett …

„Ich gehe davon aus, dass die beiden Köpfe am Küsterhaus durchaus existiert haben, aber einfach nur Steinschmuck waren.“

Steinerne Köpfe finden sich auch heutzutage noch in der Kirche, wie an den großen Säulen im Mittelschiff und im Chorraum sowie in der gotischen Sakristei. Mit dem Verbrechen haben aber weder diese noch die verschwundenen Exemplare etwas zu tun: „Ich gehe davon aus, dass die beiden Köpfe am Küsterhaus durchaus existiert haben, aber einfach nur Steinschmuck waren“, schildert Christine von Seht ihre Meinung zu der Erzählung. Alles andere bleibt als Sage haften oder kurz: sagenhaft.

Spuren in der Stadt

Die zentral gelegene Kirche St. Jacobi befindet sich im Jakobikirchhof direkt an der Steinstraße und zählt zu den wenigen erhaltenen mittelalterlichen Bauten in Hamburg.

Gattenmörderin

Reden ist Silber, Geständis ist Gold

Grusel hautnah erleben:
Janine von Ende als Katharina Wächtler
im Stationstheater Hamburg Dungeon.

Dovenfleet,
23. Februar 1786

„Was riecht hier so streng? Ist das Wild?“, fragte er. Der abweisende Blick der Frau verriet dem Knecht, dass er auf seine Frage keine Antwort erhalten würde. Er rümpfte die Nase, legte das in Bastmatten eingerollte Paket in den Kutschwagen und wartete, dass Mutter und Tochter einsteigen würden. Gemeinsam mit dem Fuhrmann stieg der Knecht auf den Kutschbock. Vom Dovenfleet bogen sie in die Steinstraße ab, wo die mit Tran gespeisten Straßenlaternen zumindest für etwas Helligkeit sorgten. Bald würden sie jedoch auf das fahle Licht der Kutschenlampe angewiesen sein. Wieso musste die Frau auch unbedingt noch zu so später Stunde nach Lübeck aufbrechen?

Nach einigen Stunden fanden sich die Reisenden von weiten Feldern umgeben, über die eisiger Wind blies. Nur die Hoffnung, demnächst eine größere Pause einzulegen und in einem Wirtshaus ihre durchgefrorenen Glieder aufwärmen zu können, hielt den Knecht bei Laune. Als das erste Licht der aufgehenden Sonne den Horizont streifte, wies die Frau den Kutscher und seinen Knecht an, zu halten. „Wir rasten in Schönberg“, ordnete sie an. „Den Rest der Strecke gehen wir allerdings zu Fuß.“
„Was? Wir sind doch eben erst am Lütjensee vorbeigefahren“, entgegnete der Kutscher. „Von hier ist es fast eine ganze Stunde Fußmarsch bis nach Schönberg.“ Der Knecht nickte zustimmend. „Wir laufen. Unsere Beine werden es uns danken“, bestand sie auf ihrem Vorhaben. „Aber ...“, klagte der Knecht und ahnte bereits, dass der Kutscher dem Wunsch seiner Auftraggeberin nachkommen würde. „Nehmt meine Tochter mit, ich komme in wenigen Minuten nach“, schob sie hinterher und bedeu-

tete ihnen loszugehen. Schulterzuckend marschierten die beiden Männer samt Kind los, in Gedanken bereits bei einer heißen Suppe und wärmendem Kaminfeuer. Es dauerte einige Zeit, bis sie die Frau schnaufend eingeholt hatte.

Die Rast im Schönberger Wirtshaus hatte allen gut getan, selbst der Fußmarsch, musste sich der Knecht eingestehen. Gestärkt und mit vollem Magen traten sie den Rückweg zur Kutsche an. Der Knecht freute sich, dass die restliche Fahrt bei Tageslicht zügiger vonstattengehen würde. Selbst die Frau war seit ihrer Ankunft im Wirtshaus freundlicher gewesen, auch wenn sie dennoch seltsam auf ihn wirkte. An der Kutsche angelangt, bestätigte sich seine Einschätzung: Als der Knecht ihr die Türe zum Wagen öffnete, verkündete die Frau aus heiterem Himmel, dass sie nach Hamburg zurückkehren wolle. „Was?", platzte es aus dem Kutscher heraus, der gerade auf den Kutschbock steigen wollte. „Zurück nach Hamburg? Was ist mit Lübeck?" „Meine Pläne haben sich geändert", erwiderte sie. „Und was ist mit dem Paket?", fragte der Knecht und deutete auf die Stelle, wo er zuvor das Päckchen mit dem Wild hingelegt hatte – und nun verschwunden war. Irritiert blickte er sich im Kutschraum um, wurde aber von der Frau unterbrochen. „Wie gesagt, meine Pläne haben sich geändert", wiederholte sie und schob sich am Knecht vorbei in den Wagen. „Mir soll's recht sein", murmelte der Fuhrmann und deutete dem Knecht an, gemeinsam auf den Kutschbock zu steigen. Er war froh, wenn der Auftrag erledigt war. Dass die Frau kurze Zeit später für mehrere Jahre das öffentliche Interesse der Hansestadt bestimmen würde, konnte zu diesem Zeitpunkt keiner der beiden Männer ahnen. Und als der Knecht schließlich erfuhr, was sich in dem Paket befunden hatte – es war kein Wild gewesen –, drehte sich ihm der Magen um.

Der Fall der Hamburgerin Katharina Wächtler, die 1786 ihren Mann ermordet und in zwei Paketen auf den Feldern um Lütjensee abgeladen haben soll, zählt zu den bekanntesten historischen Kriminalfällen der Hansestadt. Aufmerksamkeit erregte dabei allerdings weniger die Tat selbst, sondern die an der beschuldigten Frau durchgeführte „peinliche Befragung“ und ihre anschließende Verurteilung zum Tod durch Rädern. „Die Bevölkerung hat sich an diesem Thema regelrecht ergötzt“, erklärt Janine von Ende, die als Performance Manager im Stationstheater Hamburg Dungeon arbeitet. „Mittels Flugblättern wurde jede Neuigkeit publik gemacht, die zu dem Fall bekannt war. Beispielsweise, wie sie sich während der Folter und der Gerichtsprozesse verhalten hat: Dass sie in ihrer Stimmung geschwankt habe, zwischen Entsetzen, Fassungslosigkeit, Stolz, beleidigter Unschuld, Geduld, Depressionen und kläglicher Weinerlichkeit.“

„Die Bevölkerung hat sich an diesem Thema regelrecht ergötzt. Mittels Flugblättern wurde jede Neuigkeit publik gemacht, die zu dem Fall bekannt war.“

Was zu Beginn – für beinahe alle Beteiligten – feststeht, ist Katharina Wächtlers Schuld. Die Beweislast ist erdrückend: Als am 24. Februar 1786 auf einem Feld nahe Lütjensee zwei in Bastmatten gewickelte Packen gefunden werden, vermuten die Polizisten, dass es sich bei der Leiche um den vermissten Handelsmann und Schenkwirt Adolph Wächtler handelt, wohnhaft beim Dovenfleeet. Ein Fuhrmann namens Hennings soll die Leiche identifizieren; daraufhin schildert er die Ereignisse, die sich in der Nacht zuvor zugetragen hatten: Wächtlers Frau Katharina sei am späten Abend, unter äußerst verdächtigen Umständen – angeblich wollte sie nach Lübeck reisen –, mit zwei Packen und ihrer Tochter in die Kutsche gestiegen. Zwischen Lütjensee und Schönberg sollte der Kutscher jedoch, gemeinsam mit seinem Knecht und der Tochter Wächtlers, eine Strecke vorausgehen. In einem Wirtshaus in Schönberg habe sich die Verdächtige plötzlich zur Rückkehr nach Hamburg entschlossen. Die in Bastmatten gewickelte Pakete, die Hennings beim Öffnen des Wagens gesehen haben soll, seien bei der Rückkehr in der Stadt nicht mehr vorhanden gewesen.

Andere Zeugenaussagen, wie sich bald herausstellen sollte, bestätigen den Mordverdacht.

„Es gibt Aussagen, dass sich Wächtler einen Tag zuvor ein Hackbeil von einem Schlachter ausgeliehen habe. Am Tag nach der Tat hätte sie außerdem einer Wäscherin blutige Bettlaken übergeben", nennt die Leiterin der Schauspielabteilung die Liste an Hinweisen. „Sogar die eigene Tochter, die im gleichen Raum geschlafen hat, soll das Verbrechen bezeugt haben." Das siebenjährige Mädchen schildert, dass sie in der Nacht von ihrer Mutter geweckt und aus dem gemeinsamen Bett in ihr eigenes gelegt wurde. Von dort wird sie Zeugin der grausamen Tat: Mit einem großen Hammer erschlägt ihre Mutter den schlafenden Ehemann. Danach schneidet sie ihm mit einem Papiermesser die Kehle durch und lässt ihn mit der Decke über den Kopf ausbluten. Für das Gericht ist der Fall eindeutig, zumal Katharina Wächtler – laut Beschreibung – schon immer sehr „ausschweifend" gewesen sein soll. Alles, was für die Verurteilung zum Tode nach damaliger Rechtsauffassung fehlt, ist ihr Geständnis.

Janine von Ende ist ausgebildete Schauspielerin und leitet als Performance Manager die Vorstellung im Stationstheater Hamburg Dungeon. Die Geschichte der Katharina Wächtler wird – neben anderen historischen Kriminalfällen der Hansestadt – in einem der Räume nacherzählt.

„Die Rechtslage war damals ganz interessant", fährt Janine von Ende fort. „Laut Landesverfassung durfte nämlich nur aufgrund eines Geständnisses oder durch Aussagen von zwei zuverlässigen Augenzeugen für ein Todesurteil plädiert werden. Daher beschloss das Gericht, die Angeklagte so lange zu foltern, bis sie gestehen würde. Es war ein langwieriger Prozess, der sich über zwei Jahre zog, in denen die Bevölkerung durch Flugblätter auf dem Laufenden gehalten wurde." Wer es sich also leisten kann, kauft sich ein solches Flugblatt auf dem Markt und informiert sich über die aktuellen Entwicklungen im Prozess. Darin findet sich allerdings keine nüchterne Berichterstattung, sondern sensationsträchtige Meldungen. Mehr noch: Die Flugblätter berichten auch von der „landesweiten Debatte über die Legitimität und Effektivität der Folter", wie Susanne Kord in *Der Fall Wächtler: Die Hamburger Flugblattliteratur zur Folter (1788) und die Lust am Lesen* erläutert. Denn gemäß der „Constitutio Criminalis Carolina" – der im Jahr 1532 von Kaiser Karl V. beschlossenen „peinlichen Gerichtsordnung des Heiligen Römischen Reiches" – durfte Folter nur ein einziges Mal angewendet werden und nur bei Verbrechen, auf die der Tod als Strafe stand. „In der Praxis dagegen blieb die Anwendung den Richtern überlassen", zitiert die ausgebildete Schauspielerin aus der Publikation Susanne Kords und ergänzt: „Und die konnten die Regel einfach umgehen, indem sie wiederholte Folter als Fortsetzung der ersten peinlichen Befragung definierten." So habe sich Wächtlers Folter von Januar bis Oktober 1788 hinzogen.

„Es war ein langwieriger Prozess, der sich über zwei Jahre zog, in denen die Bevölkerung durch Flugblätter auf dem Laufenden gehalten wurde."

Es ist eine Zeit, in der die Anwendung der Folter umstritten ist. Fortschrittliche Denker wie Voltaire, der zehn Jahre zuvor gestorben war, lehnen diese Vorgehensweise strikt ab. Konservative Stimmen hingegen argumentieren, dass die Todesstrafe nur durch ein Geständnis legitimiert sei und ein solches den Delinquenten wiederum nur durch Folter entnommen werden könne. Die an Katharina Wächtler durchgeführte Grausamkeiten bringen zunächst die gewünschten Ergebnisse – sie gesteht den Mord. Allerdings nimmt sie ihre Aussagen, die sie während der Folterungen bekundet hat, bei den gerichtlichen Anhörungen wieder zurück und streitet alles ab.

Der Gerichtsfall, der sich dadurch für beinahe drei Jahre hinzieht, kann dabei von der Bevölkerung sozusagen „live" mitverfolgt werden: Um den Kauf der Flugblätter weiter voranzutreiben, wird jedes Detail auf eine hetzerische Art und Weise berichtet. Die Sensationsgier, wie auch die Darstellung der vermeintlichen Ereignisse, sei in Form einer Show des Hamburg Dungeon verarbeitet, erklärt Janine von Ende, und habe sich bis zum Vollzug der Todesstrafe fortgesetzt. „Katharina Wächtler wurde am Ende gerädert – trotz fehlendem Geständnis. Diese Bestrafung war furchtbar grausam, dabei wird jeder Knochen gebrochen." Im Fall von Katharina Wächtler wurde ihr allerdings so viel Gnade zuteil, dass sie erst nach ihrem Tod auf das Rad gespannt wurde – der Frohn sollte sie vorher unter Ausschluss der Öffentlichkeit erwürgen – und die Tortur nicht, wie in vielen Fällen, bei lebendigem Leib ertragen musste. Unerträgliche Schmerzen hatte sie während ihrer Zeit in der Folterkammer genug ertragen müssen – als letzte Gefolterte in der Geschichte Hamburgs: Die scharfe Diskussion um den Fall bewirkte, dass ab 1790 in der Hansestadt Folter nicht mehr als legitimes Mittel zum Einsatz kam. Eine Entscheidung, die für Katharina Wächtler allerdings zu spät kam.

Spuren in der Stadt

Katharina Wächtler soll am Dovenfleet gewohnt haben, wo sie wahrscheinlich auch ihren Gatten ermordet hat. Vermutlich ist sie gemeinsam mit ihrer Tochter auf der Steinstraße in Richtung Lübeck aufgebrochen. Die Erzählung rund um die verurteilte Gattenmörderin und die Sensationsgier der Menschen um den Prozess wird im Hamburg Dungeon als Gruselgeschichte erzählt.

Verflucht

Das Leben hart, das Schicksal ungerecht

Verbrennung einer zum Tode verurteilten Frau aus dem Jahr 1585. Ein Schicksal, das viele Frauen - und Männer - teilen mussten, die der Hexerei beschuldigt wurden.

Am Ochsenwerder Deich, Februar 1583

So süß wie der Duft einer Apfelblüte. Und so jung! Die rosigen Bäckchen, die langen, feinen Gliedmaße, das Haar ganz weich und voll. Sie konnte ihren Blick kaum von der jungen Frau lösen, die mit ihrer Mutter den Weg kreuzte. Es kam ihr vor, als sei es ein anderes Leben gewesen – und nicht ihres –, als auch sie einst jung und schön gewesen war, voller Hoffnung und Zuversicht. Alle im Dorf hatten sie verehrt und die Kavaliere sie umgarnt. Doch ihr Herz versagte es ihr, sich einem anderen hinzugeben.

Sie hatte sich einem Soldaten versprochen, den sie nach seiner Rückkehr heiraten würde. Nur mit dem lieben Herrgott musste er ihre Liebe dann teilen: Jeden Tag betete sie, verteilte Almosen, führte ein gerechtes und aufrichtiges Leben. Die Ernte war gut, die Menschen wohlgesonnen. Nur die Rückkehr ihres Künftigen ließ auf sich warten. So verstrichen die Jahre und alles, was einst warm und voller Leben war, wurde welk und kühl. Ihre Freunde und Nachbarn waren gestorben, sie selbst mit ergrautem Haar und Greisenbuckel dem Tod einen Schritt näher als dem Leben. Ihr Soldat war nie heimgekehrt, und die Natur nahm nun mehr, als dass sie schenkte. Als dann noch ein Blitz ihr Gehöft in Flammen aufgehen ließ, musste sie das Land verkaufen – und verarmte. Die Menschen begannen, sie zu meiden. Nun war auch noch ihr letzter Halt im Leben, ihr geliebter Kater, von ihr gegangen. Sie selbst war knorrig und verdorrt geworden, wie die Äste der kahlen Apfelbäume am Rand des ausgetretenen Pfads, an dem sie stand und das junge Mädchen anstarrte.

Sie bemerkte, wie Mutter und Tochter ihren Gang beschleunigten, sie mit abweisenden Blicken bedachten und ihr „Hexe" zuzischten. Ihre Wehmut schlug um ihn Zorn und Hass. Diese Gefühle sind besser zu ertragen, dachte sie sich, als ein schweres Herz, dass sich nach vergangenen Zeiten sehnt. Und diese Quelle der Kraft würde sie sich bewahren müssen, in Anbetracht dessen, was ihr bevorstand: Die Kunde hatte das Dorf ereilt, dass die Vögtin gestorben sei – dunkle Mächte seien im Spiel gewesen. Dass beim Tod der schwerkranken Frau der Verdacht auf sie fallen würde, war nur eine Frage der Zeit. Schließlich war es sie selbst gewesen, die zuvor den Vogt verwunschen hatte. Laute Männerstimmen drangen aus der Ferne zu ihr. Sie würden sie jetzt kommen holen.

„Abelke Bleken wurde am 7. März 1583 der Prozess gemacht“, sagt Gästeführerin Kirsten Buchholzer. Keine zwei Wochen später, am 18. März, habe sie einen grausamen Tod auf dem Scheiterhaufen erlitten, erklärt die Hamburgerin, und schildert die Sage der Frau aus Ochsenwerder, einem Stadtteil in Hamburg, einst ein Dorf am Deich.

„Es war um das Jahr 1530: Abelke Bleken, die Tochter eines reichen Landwirts, soll das schönste Mädchen in Ochsenwerder gewesen sein, das unzählige Verehrer gehabt hat. Sie wies aber alle ab, weil sie sich scheinbar einem Mann versprochen hatte, der als Soldat in den Krieg gezogen war. Doch je länger sie wartete, desto trauriger und ernster sei sie geworden. Dann sind ihre Eltern gestorben“, schildert die Hamburgerin den Beginn der Erzählung. „Dass sie als alleinstehende Frau dann das Gut übernommen hat, war in dieser Zeit schon ungewöhnlich. Dann hatte sie noch das Pech, im 16. Jahrhundert zu leben – einer Zeit, in der die Menschen alle sehr früh gestorben sind –, während sie hingegen mit einem langen Leben gesegnet war.“ Letztendlich habe es dann eine furchtbare Missernte gegeben, die sie zwang, ihr Gut an einen Ratsherrn zu verkaufen. Auch ihr Liebster sei nie zurückgekehrt, merkt die Hamburgerin an und überlegt, dass er gefallen sein könnte. „Irgendwann konnte sich keiner mehr an dieses junge hübsche Mädchen erinnern, sondern die Menschen sahen nur ein altes, verhärmtes Weib durch die Gegend schleichen. Zu diesem Zeitpunkt hatten die Leute im Dorf schon gemunkelt, dass sie vielleicht eine Hexe sein könnte“, erläutert Kirsten Buchholzer und merkt an, dass Abelkes Katzen sicherlich einiges zu ihrem Ruf beigetragen haben.

„Irgendwann konnte sich keiner mehr an dieses junge hübsche Mädchen erinnern, sondern die Menschen sahen nur ein altes, verhärmtes Weib durch die Gegend schleichen. Zu diesem Zeitpunkt hatten die Leute im Dorf schon gemunkelt, dass sie vielleicht eine Hexe sein könnte.“

Als die Ochsen des Ratsherren Johann Huge sterben, der Abelkes Hof gekauft hatte, fällt der Verdacht schnell auf die ehemalige Besitzerin; ähnlich verhält es sich, als die Gattin des Landvogts Dirick Gladiator, dem ständigen Vertreter des Verwaltungsbeamten für den Bezirk, das Zeitliche segnet. Wer Schuld am Tod der Frau trägt, steht für die Menschen im Ort fest, denn Abelke hatte zuvor bei einer Auseinandersetzung den Vogt mit den Worten verabschiedet, dass „er dies auf dem Bett büßen solle". „Hintergrund des Fluchs war, dass der Landvogt ihren Kessel – ein wertvolles Familienerbstück – gepfändet hat. Er war der Meinung gewesen, sie sei ihrer Pflicht zur Wartung des Deiches nicht nachgekommen", erklärt die Hamburger „Stadtspürerin". Zwar galt der ausgesprochene Fluch nicht seiner Frau, doch dass Abelke für ihren Tod verantwortlich sein musste, war offensichtlich: „Beim Tod der Vögtin war es für die Menschen klar, dass Abelke ihre Hände im Spiel haben musste", bestätigt die Gästeführerin. So lautet die Sage um die Hexe Abelke Bleken nach einer Erzählung von Otto Beneke, dem bekannten Hamburger Archivar aus dem 19. Jahrhundert. Was hingegen in den Bereich der Tatsachen fällt, sind die nachfolgenden Ereignisse.

Kerstin Buchholzer ist Gästeführerin der „Stadtspürer", deren Hamburger Ableger sie 2017 gemeinsam mit einem Freund gegründet hat. Neben den „mystischen Touren", in denen es um Sagen und Legenden aus der Stadt geht, werden auch Führungen zu Schauergeschichten sowie anderen Schwerpunkten – darunter auch die Hexe Abelke – angeboten.

„Abelke wurde nach Hamburg in die Frohnerei nahe der Petrikirche gebracht und ‚scharf befragt'. Das Geständnis wurde ihr also durch Anwendung der Folter entnommen." In der historisch überlieferten „Urgicht" – ihrer unter Folter erwirkten Aussage – ist festgehalten, was die vermeintliche Hexe von sich gegeben hat: „Sie gesteht darin, dass sie sich mit dem Teufel getroffen hat", gibt Kirsten Buchholzer den Inhalt wieder. „Auch gibt sie zu, dass sie beschlossen hat, die Vögtin zu töten: Sie sei in das Haus des Landvogtes geschlichen, habe dort die Hauskatze erschlagen, deren Hirn genommen und es in Weißkohl und Braunbier gesotten." Das habe sie der Landvögtin zum Essen gegeben, die am dritten Tage krank geworden und bald danach gestorben sei.

Ein Erinnerungsstein auf dem Ohlsdorfer Friedhof gedenkt der als Hexe verurteilten Abelke Bleken.

„Abelke hat ihr Geständnis nicht widerrufen. Das bedeutete für sie den Feuertod", fährt die Gästeführerin fort. „In Hamburg gibt es einige Hinrichtungsstätten, wie den Richtplatz ‚Grasbrook', wo Störtebeker enthauptet worden sein soll. Oder den Richtplatz ‚hohe Luft', der so heißt, weil der Galgen dort besonders hoch gehangen haben soll. Abelke ist, wie alle als Hexe Verurteilte, vor der Petrikirche verbrannt worden."

Das Thema der Hexen sei in der Hansestadt etwas anders als in anderen deutschen Städten, merkt die Geschichtsinteressierte an. Insgesamt seien an die vierzig Frauen als „Hexen" verbrannt worden, was vergleichsweise wenig sei. „Zwar wurde bereits in katholischen Zeiten in Hamburg eine Katharina – ein typischer Name der Region – verbrannt, weil sie eine böse ‚incantatrix' gewesen sei, die Zauber ausgeübt hat. Danach werden in Hamburg für längere Zeit keine Hexenverbrennungen mehr abgehalten, und erst nach der Reformation flammen sie buchstäblich wieder auf.“ Dieser fällt auch Abelke Bleken zum Opfer. „Im Garten der Frauen, ein Areal auf dem Ohlsdorfer Friedhof, wird ihrer gedenkt“, merkt die Gästeführerin an. Dort erinnert ein Stein an ihr Schicksal und das Verbrechen, das der Frau aus Ochsenwerder angetan wurde, die für Unglücke und Tragödien als Sündenbock herhalten musste.

Spuren in der Stadt

Im Garten der Frauen, einer Gedenkstätte auf dem Ohlsdorfer Friedhof für Frauen der Hamburger Geschichte, befindet sich ein Erinnerungsstein an Abelke Bleken. Auch in Ochsenwerden gedenkt der Abelke-Bleken-Ring ihrem Schicksal.

Nordwind

Tödliches Gift am Hafen

Im Jahr 1928 kam es zu einem tragischen Unfall in der Veddel, als Phosgen aus einem Kesselwagen ausgetreten war.

Obergeorgswerder Deich, 20. Mai 1928

Was für ein sonderbarer Geruch, dachte sich die Frau. Wie ein herbstlicher Spaziergang über eine Obstwiese, auf der die heruntergefallenen Früchte bereits zu faulen beginnen. Plötzlich überkam sie ein starker Hustenreiz, der sie wie einen Hund bellen ließ. Ihre Augen begannen zu tränen, und der blaugraue Horizont verschmolz sich mit dem Grau des Asphalts. Auf allen vieren kniete sie auf dem Boden und übergab sich mehrmals. Dort kauerte sie einige Zeit. Allmählich schien es ihr besser zu gehen. Mit einem Stöhnen erhob sie sich langsam wieder und beendete ihren allabendlichen Spaziergang über den Deich.

Zu Hause angekommen setzte sie sich mit einem großen Glas Wasser an den Küchentisch. Hatte sie vorhin etwas Verdorbenes gegessen? Noch immer fühlte sie einen stechenden Schmerz in ihrer Brust, auch der Hustenreiz kehrte mehrfach wieder. Ob sie ihren Hausarzt anrufen sollte? Nach einiger Zeit entschied sie, dass sie sich schlafen legen sollte. Falls sie morgen noch immer Beschwerden hätte, würde sie ihren Arzt aufsuchen. Mit diesem Gedanken legte sie sich ins Bett.

Am nächsten Morgen verspürten in Wilhelmsburg weitere Anwohner ähnliche Symptome. Im Gegensatz zu der Spaziergängerin würden diese ihr Leben allerdings behalten können, denn sie waren dem Giftgas nur in geringen Konzentrationen ausgesetzt ...

Am 20. Mai 1928 löst sich das Ventil eines Kesselwagens in einem Lager an der Müggenburger Schleuse. Das darin befindliche Phosgen tritt sofort aus und bildet eine Giftgaswolke, die vom Nordwind in südliche bis südwestliche Richtung in das Wohngebiet in Wilhelmsburg getragen wird. Zehn Menschen werden ihr Leben lassen, und viele weitere Bewohner verletzt.

„Das war der erste Skandal der Chemischen Fabrik Stoltzenberg", erklärt Heimatforscher Wolfgang Wallach. Fünf Jahre zuvor gründet Dr. Hugo Stoltzenberg seine Firma auf einem Gelände nahe der Schleuse. Als Chemiker war er in Breloh bei Munster tätig, von wo er nach Kriegsende viele Gerätschaften mit nach Hamburg nimmt. „Während seiner Zeit in Breloh war er bei der Herstellung von chemischen Kampfstoffen beteiligt, die im Ersten Weltkrieg zum Einsatz kamen. Und trotz des Versailler Vertrags, der nach Kriegsende die Produktion von Chemiewaffen in Deutschland verboten hatte, ließ Stoltzenberg weiterhin solche Kampfmittel produzieren."

Stoltzenberg sorgt nicht nur für eine unzureichende Entsorgung der Waffen aus Breloh, mit der er beauftragt war, sondern arbeitet in geheimen Projekten für das Deutsche Reich weiter an der Entwicklung eben solcher Kampfmittel. Aufgrund verschiedener Probleme widmet er sich ab 1926 zwar vor allem der Gasabwehr und dem Schädlingsschutz, doch die Firma handelt weiterhin mit alten Gasbeständen aus Breloh. Darunter sind einige Flaschen Phosgen, die in Sennelager in Westfalen eingelagert worden waren. Da das Heereswaffenamt aus Sicherheitsgründen den Abtransport dieser Flaschen verlangt, lässt Stoltzenberg diese in einen Kesselwagen füllen und nach Hamburg bringen. Auf dem Grundstück entlang des Müggenburger Kanals gegenüber dem Gelände seiner Fabrik lagert er das Kampfmittel bis zum geplanten Verkauf an die USA ein.

Am 20. Mai 1928 kommt es schließlich zu dem Unglück: Gegen vier Uhr nachmittags löst sich das Ventil des Kesselwagens, und das giftige Gas zieht in Richtung Wilhelmsburg. Zehn Menschen lassen dabei ihr Leben und – je nach Quelle – erkranken weitere 300 Bewohner. „Der Kampfstoff hat im Ersten Weltkrieg etwa 90.000 Menschen das Leben gekostet", merkt Wolfgang Wallach an. Denn der in Granaten abgefüllte Lungenkampfstoff gelangt nach dem Einatmen in die

Bronchien zu den Lungenbläschen, wo die frei werdende Salzsäure das Gewebe verätzt. Dadurch kommt es zur Ausbildung eines Lungenödems. Je nach inhalierter Menge ist der Verlauf tödlich – wie für die zehn Menschen im Jahr 1928. Bei geringer Konzentration können die Symptome allerdings auch erst nach einigen Stunden auftreten und ohne bleibende Schäden wieder abklingen. Und das Drama sollte sich fortsetzen.

Im Februar 1929 kauft Dr. Hugo Stoltzenberg ein Grundstück in der Schnackenburgallee 167 in Eidelstedt. „Dort hat er ein Betriebs- und Lagergelände für Chemiewaffen aufgebaut", fährt Wallach fort. Ausgebombt während des Zweiten Weltkriegs, lässt Stoltzenberg die Firma erneut am selben Standort aufbauen, und bald schon werden erste Beschwerden der Anwohner laut. Auch das Gesundheitsamt Altona kritisiert die dort herrschenden Zustände. Über Jahre hinweg kommt es zu Beschwerden über Gaswolken und Explosionen auf dem zunehmend verwahrlosten Gelände. Alle Vorwürfe bleiben ohne Konsequenzen, auch die Demonstrationen von Anwohnern, welche auf die mangelnden Sicherheitsvorkehrungen hinweisen, sind folgenlos.

Im Jahr 1979 stellt sich endlich Erleichterung ein: Die miserable wirtschaftliche Lage und andauernden Vorwürfe veranlassen Martin Leuschner, der zehn Jahre zuvor die Firma übernommen hatte, zur Schließung der Eidelstedter Fabrik am 1. Dezember 1979. „Bis dahin lag das Gelände dann brach, und niemand hat sich darum gekümmert", erklärt Wolfgang Wallach, wie es zu der Katastrophe kam, die kurze Zeit später folgen sollte: „Kinder haben dann auf dem Gelände gespielt und chemische Granaten mit nach Hause in den Keller genommen." Vermutlich habe es sich dabei um Lösungsmittel und brennbare Chemikalien gehandelt, die sich entzündeten. „Dadurch kam es zu einer Explosion, bei der ein Kind gestorben und zwei weitere verletzt wurden." Durch ein Zaunloch waren der acht Jahre alte Oliver Ludwig, dessen dreizehnjähriger Bruder Thomas sowie der gleichalte Freund Stefan Behrmann am 6. September 1979 auf das Gelände der Fabrik gelangt und hatten von dort die gefährlichen Substanzen mit in den Keller des Wohnhauses in der Langbargheide genommen. Der jüngere Bruder Oliver stirbt auf dem Weg ins Krankenhaus, Stefan Behrmann verliert seine rechte Hand. Wenige Tage später wird das Gelände offiziell besichtigt – und es offenbart sich ein schockierendes Bild: Chemische Stoffe, Lösungen, tödliche Gase und Nervengifte liegen offen verteilt auf dem Gelände, aus verrosteten Kesselwägen treten Nebelkerzen raus. Der Boden ist so stark kontaminiert, dass er bis zu einer Tiefe von zweieinhalb Metern abgetragen werden muss.

Zu dem Zeitpunkt ist Hugo Stoltzenberg bereits seit fünf Jahren tot. Zwar übt ein Untersuchungsausschuss Kritik am amtierenden Bürgermeister Hans-Ulrich Klose, und der Justizsenator Frank Dahrendorf muss seinen Posten räumen, doch es folgen keine weiteren Disziplinarmaßnahmen. Den Anwälten Martin Leuschners gelingt es zudem, den Firmeninhaber wegen der angeblich eingeatmeten Chemikalien und seines fortgeschrittenen Alters – er war zu diesem Zeitpunkt 67 Jahre alt – als nicht vernehmungs- und zurechnungsfähig zu erklären. Er wird freigesprochen.

„In all den Jahren, in denen es die Chemische Fabrik Stoltzenberg gab, war unglaublich viel kriminelle Energie im Spiel", merkt Heimatforscher Wolfgang Wallach an. Obwohl sich die Bewohner über Jahre gewehrt hatten, schenkten die Behörden ihren Klagen kein Gehör. Den Preis dafür mussten sowohl die Toten und Verletzen im Jahr 1928 als auch die Kinder und Angehörigen im Jahr 1979 zahlen. Dazu kommen natürlich die vielen Opfer dieser Chemiewaffen – Soldaten wie Zivilisten – im Ersten und Zweiten Weltkrieg.

Spuren in der Stadt

Die „Chemische Fabrik Stoltzenberg" hatte zunächst am Hafen an der Müggenburger Schleuse und anschließend in Eidelstedt in der Schnackenburgallee 167 ihren Standort.

Sechsfach

Der Verzweiflung anheimgefallen

Tod durch Rädern gilt als grausamste aller Hinrichtungen: Alle Knochen werden gebrochen und der Körper danach aufs Rad gelegt.

Gröninger Straße, in der Nacht auf den 15. März 1803

Elend würde sie heimsuchen. Sie würden das Dach über dem Kopf verlieren und letztendlich einem grausamen Hungertod anheimfallen. Er sah, wie seine Frau und seine Kinder in Lumpen durch die Straße laufen würden, die Gesichter eingefallen und verdreckt. Ohne Aussicht auf eine bessere Zukunft würden sie dahinvegetieren, bis der Tod sie von ihrer Qual befreite. All seine Gedanken führten immer wieder zu derselben Schlussfolgerung: Nur er konnte sie jetzt noch retten. Er musste sie erlösen – und vollenden, was er begonnen hatte. Somit gelang es ihm, die aufsteigende Erkenntnis über die Schwere seiner Tat abzuschütteln, die ihn zu überkommen drohte, als er in die leeren Augen seiner Frau sah. Er schob sich von ihrem leblosen Körper weg und beugte sich auf die andere Seite des Bettes, wo er auch dem Leben seines Knaben ein Ende setzte. Danach ging er mit leisen, aber zielgerichteten Schritten in die oberen Stockwerke.

Nachdem er sein Vorhaben zu Ende gebracht hatte, verließ er das Haus. Das Dunkel der Nacht war längst einem goldgelben Horizont gewichen. Es dämmerte ihm, was er getan hatte. Nun stand er dort am Ufer der Alster, gefangen im inneren Zwist zwischen seinem Wahn und dem Wissen um die entsetzliche Tat. Sich rückversichernd, dass es die einzige Lösung gewesen sei, ging er ins Wasser, um seinen Plan zu vollenden. Er nahm das Rasiermesser in die Hand und setzte an, seiner Familie zu folgen. Doch es begann bereits in ihm zu bröckeln, der Schmerz um den Verlust drängte sich in sein Bewusstsein, und er war unfähig, das Messer kontrolliert zu führen. Erst nach mehreren Anläufen sackte er schwer verletzt zusammen, doch dem Tode – der ersehnten Erlösung – war er entronnen ...

Am Nachmittag gegen drei Uhr entdecken zwei Bürgermeisterdiener, die sich auf Entenjagd begeben hatten, einen am Boden liegenden Mann am Ufer der Alster. Seine durchnässte Kleidung sowie Wunden an Hals und Handgelenken weisen auf einen gescheiterten Selbstmordversuch hin. Was die beiden Männer allerdings nicht wissen: Bereits seit Stunden wird eben jener Mann, Johann Georg Rüsau, in Hamburg wegen mehrfachen Mordes gesucht.

Wie jeden Morgen hatte die Hausdienerin der Familie Rüsau das elterliche Schlafzimmer betreten, um das Ehepaar zu wecken. Dort entdeckt sie den grausamen Fund: Im blutgetränkten Bett liegen die Leiche der Mutter und des Knaben. Sofort rennt sie in die oberen Stockwerke, um nach den anderen Kindern zu sehen. Doch jede Hilfe kommt zu spät. Die vier Töchter findet sie ebenfalls „im Blute schwimmend" vor.

Die Schreckenstat weckt sofort das Interesse der Hamburger Bevölkerung. In kürzester Zeit finden sich schaulustige wie besorgte Nachbarn vor der Wohnung in der Gröninger Straße ein. Mehrere Kriminalbeamten und der Wundarzt untersuchen derweil den Tatort. Schnell wird klar, dass alle Opfer Halswunden vorweisen, die zum Tod geführt hatten. Nur in einem Fall findet der Mediziner *zwei* Schnittwunden an der Kehle vor. Die sechzehnjährige Tochter liegt auf dem Rücken, während sie mit angewinkelten Knien ihr Füße gegen die Wand stemmt. Zwei weitere Wunden auf der Brust sowie verletzte Finger an beiden Händen bestätigen den entsetzlichen Verdacht des Arztes: Das Mädchen war vermutlich während des ersten Angriffs aufgewacht und hatte versucht, sich ihrem Vater zu widersetzen – vergeblich. Die gesamte Familie wird zum Opfer der schrecklichen Tat: Die Mutter Anna Elisabeth stirbt im Alter von fünfundvierzig Jahren, ebenso wie der vierjährige Heinrich, die sechzehnjährige Mariane, die zwölfjährige Johanne, die sieben Jahre alte Juliane sowie die jüngste Tochter, die dreijährige Emilie.

Die Hausdienerin kann zudem bezeugen, dass der Gatte und Vater der Ermordeten am frühen Morgen – es war etwa nach vier Uhr gewesen – das Haus verlassen hatte, gerade als sie gerade im Begriff gewesen war aufzustehen. Wie sich später herausstellen sollte, hatte er sich nach der Tat gewaschen und neu eingekleidet und war dann zum nahe gelegenen Deichtor gegangen, um sich im Stadtgraben zu ertränken. Da Passanten sein Vorhaben jedoch störten, wandte er sich zum Lübeckertor im Nordosten, um an der Alster seinen Plan zu vollenden. Wegen der andauernden Trockenheit war der Wasserstand allerdings nicht tief genug. Durch Verletzungen am Hals, den Handgelenken sowie einer Wunde im Bauch hatte er schließlich versucht, sich auf diese Weise selbst das Leben zu nehmen.

„Der Fall hat in dieser Zeit – und auch in den nachfolgenden Jahrzehnten – unglaublich viel Aufmerksamkeit bekommen", erklärt Heimatforscher Matthias Blazek, „nicht nur, weil es sehr ungewöhnlich war, dass ein Mann seine ganze Familie umbringt, sondern weil Rüsau zudem ein Gelehrter gewesen war." Der fünffache Familienvater gilt in Hamburg als angesehener und geschätzter Mann. Keiner, der schlecht situiert gewesen sei, keiner, der jemals aus der Not heraus so eine Tat verüben musste, so die damalige Meinung. In den Zeitungen wird viel über den Fall diskutiert, auch aus einem anderen Grund: „Wir befinden uns in einer Zeit, in der die Franzosen unter Napoleon immer weiter nach Deutschland vordringen. Im Jahr 1803 beispielsweise kommen sie ins Großfürstentum Hannover. Es ist eine Zeit, die nur spärlich dokumentiert ist", merkt Matthias Blazek an. Der Fall Rüsau sei somit ein Ausnahmefall, über den – vor allem durch die Zeitungen – viel überliefert sei.

„Der Fall hat in dieser Zeit – und auch in den nachfolgenden Jahrzehnten – unglaublich viel Aufmerksamkeit bekommen."

Durch die vielen Berichte kann der Ablauf der Geschehnisse zu großen Teilen rekonstruiert werden: Als Zwanzigjähriger kommt Rüsau 1771 mit seinen Eltern nach Hamburg, beginnt jedoch bald in Erlangen Theologie zu studieren. Danach kehrt er zurück in die Hansestadt und tritt eine Stelle als Katechet – Religionslehrer – an einem der Armenhäuser an. Im Jahr 1783 heiratet er schließlich Anna Elisabeth und gründet auf dem Steckelhörn hinter der Kirche St. Katharinen ein Lehrinstitut für Knaben, seine Gattin hingegen eine Schule für Mädchen. Die Nachfrage ist zunächst so groß, dass er seine Stelle als Katechet ablegen kann, doch bald wird die Zahl der Schüler rückläufig und er sieht sich gezwungen, das Lehrinstitut aufzugeben. Gemeinsam mit einem Bekannten gründet er daher ein Geschäft mit Textil- und Kurzwaren, das er nach einiger Zeit komplett übernimmt. Doch der erwartete Gewinn bleibt aus – und seine finanziellen Sorgen wachsen täglich. Zudem drücken ihn Schulden, die er wegen Baumaßnahmen am Haus aufnehmen musste. Die Aussichten werden für ihn zunehmend düster. Er fürchtet, dass er verarmt und seine Familie eines Hungertodes sterben muss. In der Nacht von Sonntag, dem 14. August, schläft er unruhig und beschließt beim Erwachen, einen länger gehegten Gedanken in die Tat umzusetzen: Es sei besser, so war er der Meinung, wenn er und seine Familie mit einmal aus der Welt gingen. Mit einem Rasiermesser aus dem Schreibpult setzt er seinen Plan in die Tat um.

Matthias Blazek stellt in *Seeräuberei, Mord und Sühne* die 700-jährige Geschichte der Todesstrafe in Hamburg vor. Neben den Hintergründen zur Gesetzgebung in Hamburg werden darin zahlreiche Fälle von durchgeführten Hinrichtungen gelistet. Zudem hat der Heimatforscher weitere Bücher zu Ortschroniken und dem Thema Verbrechen publiziert.

Bereits während seines ersten Verhörs soll Rüsau ohne jedes Anzeichen einer geistigen Verwirrung die sechs Morde gestanden haben. „Mit sichtlicher Erschütterung", so berichten die *Hamburgische Nachrichten*, „habe er die – mit Blut beschmierte – Tatwaffe als sein Messer identifiziert." Am dritten Tag soll ihn jedoch die Erkenntnis überkommen haben, dass er um eines „bloßen Wahns willen" der Mörder seiner Familie geworden sei. Während eines Gottesdienstes in der Frohnerei warnt er andere Häftlinge: „Rüsau hielt eine Predigt und bekannte, dass er ein großer Verbrecher sei und die Strafe verdiente", gibt Matthias Blazek den Bericht eines Berliner Unterhaltungsblattes wieder. „Er habe die Zuhörer gewarnt, wenn solche Mordgedanken bei ihnen aufsteigen würden, sollten sie diesen nicht nachhängen, sondern sich einem Freund anvertrauen. Hätte er das getan, hätte er die grauenvolle Tat nie begangen."

Der studierte Theologe und Textilwarenhändler Johann Georg Rüsau genoss in Hamburg einen guten Ruf und war als „solider Mann" bekannt.

Von den Ärzten wird der Angeklagte eine Woche nach der Bluttat untersucht. Die beiden Kollegen kommen zu dem Schluss, dass Rüsau zurechnungsfähig sei – mit Ausnahme des Tatzeitpunkts. Denn nach Ansicht der Ärzte litt er an Melancholie oder dem „fixen Wahn": Somit sei der Familienmörder generell fähig, vernünftig zu urteilen, mit der Ausnahme des einen „partikulären Objekts seines fixen Wahns". Rüsaus Anwalt argumentiert daher, dass ihn diese Melancholie von der Verantwortlichkeit seiner Tat befreien würde. Das Gericht sieht sich jedoch selbst in der Rolle, die Frage der Zurechnungsfähigkeit zu beantworten – und kommt zu einem anderen Schluss. Das Urteil: Tod durch Rädern.

„Das Urteil wird am 19. März 1804 vollzogen", berichtet Matthias Blazek und gibt den Inhalt eines Zeitungsberichts wenige Tage nach der Hinrichtung Rüsaus wieder: „Eine ungeheure Anzahl Menschen zog schon von neun Uhr morgens zum Steintor hinaus. Vier bis fünfhundert Mann Infanterie waren zur Besetzung des Richtplatzes kommandiert." Gegen elf Uhr seien weitere vierundzwanzig Dragoner gefolgt. „Um Punkt zwölf Uhr verließ der Verurteilte die Frohnerei und bestieg einen Stuhlwagen – er war schwach, dem Anschein nach hatte ihn seine Standhaftigkeit nun verlassen. Blass soll er gewesen sein, wie eine Leiche, und der Knecht des Frohns musste ihn stützen." Angekommen am Richtplatz sei der Verurteilte allerdings entschlossen die Treppe hinaufgegangen. Dort habe er sich auf die Knie fallen lassen, gebetet und sich dann auf den Boden gelegt. Innerhalb von zwei Minuten war die Hinrichtung vollzogen.

Die Tragödie an dem Mord der sechs Familienmitglieder ist unermesslich, zumal die finanzielle Situation des Vaters nicht so aussichtslos gewesen war: Zum Zeitpunkt der Tat besaß er noch immer mehr Vermögen, als Schulden auf ihm lasteten. Doch gefangen in seinem „fixen Wahn" habe es für ihn keine Rolle gespielt, wie der tatsächliche Stand der Dinge gewesen sei, stellen die Ärzte bereits bei seiner Untersuchung in der Frohnerei fest. Solange Rüsau selbst von der aussichtslosen Situation überzeugt gewesen sei, konnte er sich darin vollkommen verlieren. Und in besagter Nacht auf den 15. August 1803 war er ganz in diesem Wahn gefangen.

Spuren in der Stadt

Die Gröningerstraße, in der sich das grausame Verbrechen zugetragen hat, lag nördlich des Dovenfleets und verlief von Osten nach Westen, beginnend bei der heutigen Hauptkirche St. Katharina. Von dort waren es wenige Hundert Meter bis zum ehemaligen Deichtor. Die Nord-Süd verlaufende „Neue Gröningerstraße" erinnert heute noch an die Lage der Straße, in der Rüsau seine Familie umgebracht hat.

Engelsgesicht

Grausamer Mord im Zugabteil

Historisches Bahnhofsgebäude des Bahnhofs Hamburg-Klein Flottbek.

Bahnhof Klein Flottbek, 10. November 1906

„Sie haben den Mann einfach gehen lassen?“, überschlug sich die Stimme des Polizisten. „Er sagte, er habe Nasenbluten. Ich weiß nicht, was …“, setzte der Fahrkartenkontrolleur an, um jäh von der nächsten Tirade unterbrochen zu werden. „Nasenbluten?“, wiederholte der Polizeibeamte und gestikulierte wild mit seinen Händen. „Er hat einem anderen Passagier den Schädel eingeschlagen! Haben Sie das Abteil gesehen? Nicht einmal ein Elefant könnte so viel Blut verlieren, ohne ohnmächtig zu werden. Da kommt jemand mit blutverschmierten Händen aus dem Zug, und Sie kaufen ihm die Geschichte mit der blutigen Nase ab?“ Das Gesicht des Kontrolleurs überzog sich mit Schamesröte. „Sie hätten ihn sehen sollen“, rechtfertigte er sich, „das war kein Verbrecher, schon gar kein Mörder. Der hätte keiner Fliege was zuleide tun können, der war ja praktisch noch ein Junge. Außerdem war er viel zu gut gekleidet mit seiner Pelerine und Krawatte. Und die blauen Augen schauten fromm wie ein Engel.“ Der Polizist seufzte laut. „Guter Mann, sagen Sie mir jetzt alles, woran Sie sich erinnern können. Ich lasse den Phantomzeichner kommen. Gnade Ihnen Gott, dass wir den Burschen finden, bevor er über alle Berge ist.“

Samstag, 10. November 1906, gegen 15 Uhr. Endlich Feierabend! Zahnarzt Dr. Claußen verlässt seine Praxis in der Altonaer Königstraße und begibt sich auf den Nachhauseweg zu seiner Familie. Planmäßig um 15:33 Uhr fährt der kaum ausgelastete Lokalzug in Richtung Blankenese los. Claußen nimmt in einem leeren Abteil der zweiten Klasse Platz und vertieft sich in seine Zeitungslektüre.

Presseberichte aus der Zeit betonten die „schönen blauen Augen" und das „Engelsgesicht" des Axtmörders Thomas Rücker.

Kurze Zeit später öffnet sich die Tür des Abteils. Ein gut gekleideter, hübscher junger Mann tritt ein, grüßt höflich und nimmt Platz. Im weiteren Verlauf bleiben die beiden unter sich, an den nächsten Stationen Bahrenfeld und Groß Flottbek gesellt sich kein Fahrgast zu ihnen. Schließlich steht der Jüngling auf, wirft einen Blick aus dem Fenster. Das Ablenkungsmanöver gelingt: Unbemerkt holt er ein Handbeil hervor, das er im Inneren seines Hosenbundes befestigt hatte, dreht sich um und schlägt mehrfach und mit großer Wucht auf sein nichts ahnendes Opfer ein. Stumm sackt der Arzt mit zertrümmertem Schädel zusammen. Der Angreifer zögert nicht lange, nimmt rasch alles von Wert an sich und verlässt den Zug am nächsten Halt, dem Bahnhof Klein Flottbek.

Nach Verlassen des Zuges passiert er den Fahrkartenkontrolleur des Bahnhofs, wo sein Billet erneut kontrolliert wird. Er zeigt seinen Fahrschein, muss sogar eine Karte nachlösen, da er zu weit gefahren war. Seine Hände sind voll mit Blut, weswegen ihn der Bahnbedienstete darauf anspricht. Er habe Nasenbluten bekommen, behauptet der junge Mann und geht seiner Wege.

Als der Zug gegen 16 Uhr in Blankenese ankommt, bemerkt ein Schaffner das unter der Abteiltür hervortretende Blut und findet das schwer verletzte Opfer. Alle Hilfe kommt jedoch zu spät. Trotz des eilig herbeigerufenen Arztes verstirbt Zahnarzt Dr. Claußen an Ort und Stelle.

Ein solch grausames Verbrechen, begangen mitten am Tag in einem spärlich besetzten Lokalzug, der alle paar Minuten anhält? Der Raubmord erschüttert die Öffentlichkeit. Präzise Polizeiarbeit und schnelle Erfolge sind unabdingbar. Ein Scheitern wäre ein Desaster, zumal der Fall in der internationalen Presse hohe Wellen schlagen würde. Entsprechend forsch werden die Ermittlungen vorangetrieben. Schnell findet sich ein dringend Tatverdächtiger: Der junge Mann mit den blutverschmierten Händen, der in Klein Flottbek eine Fahrkarte nachlösen musste. Anhand der Aussage des Kontrolleurs werden noch am selben Abend Plakate mit der Beschreibung des gesuchten Passagiers und einer Belohnung von 1.000 Mark in der näheren Umgebung aufgehängt. Polizisten durchstreifen die benachbarten Stadtteile und informieren die Bevölkerung.

Am darauffolgenden Dienstagmorgen um sechs Uhr, nur drei Tage nach der Tat, betritt Inspektor Engel mit drei weiteren Beamten das Haus des Ehepaars Kossmann in der Rolandstraße, einer Seitenstraße der Großen Bergstraße in Altona. Hinweise aus der Bevölkerung haben sie hierhin geführt, da die Personenbeschreibung des Bahnbediensteten auf deren Untermieter zutraf. Sie finden den jungen Mann schlafend in seinem Zimmer vor, eine Durchsuchung der Räumlichkeiten fördert neben blutbefleckter Kleidung auch die goldene Taschenuhr des ermordeten Zahnarztes zutage. Der siebzehnjährige Verdächtige Thomas Rücker wird abgeführt, kurze Zeit später gesteht er die Tat. Bereits am 12. Januar 1907 wird ihm der Prozess gemacht. Das Urteil: 15 Jahre Haft, die Höchststrafe nach Jugendstrafrecht.

Je mehr über Tat bekannt wird, desto rätselhafter erscheint sie. Denn bei dem Täter handelt es sich keineswegs um einen hart gesottenen Berufsverbrecher. Der am 28. Dezember 1888 in Böhmen geborene Thomas Konstantin Rücker stammt aus gutem und wohlhabendem Hause, sein Vater ist Architekt, seine Mutter Hausfrau. Er hat zwei

Geschwister, spielt hervorragend Geige und will Theologie studieren. Aufgrund von Lernschwierigkeiten muss er das Gymnasium allerdings nach der 11. Klasse ohne Abitur verlassen. Stattdessen macht er eine Lehre zum Gärtner, die er auch erfolgreich abschließt, und zieht nach Berlin, wo er die Fachschule für Gartenbau besucht.

Von nun an geht es stetig bergab: Er tritt mehrere Stellen als Gärtnergehilfe an, zunächst in Trier, dann in Hamburg-Wandsbek. Doch keine Anstellung ist von Dauer. Als Gärtner sei er „vollständig unbrauchbar", so das vernichtende Urteil eines Arbeitgebers. Zuletzt hält er sich mit einem Aushilfsjob in einer Eisenwarenhandlung über Wasser. Der karge Lohn von zwanzig Mark genügt für seinen bescheidenen Lebensstil des jungen Mannes, der sich vegetarisch ernährt und keinen Alkohol trinkt. Doch als er im Oktober 1906 auch diesen Job verliert, braucht er bald seine Rücklagen auf und leidet Hunger.

Warum der arbeitslose Gärtnergehilfe aus gutem Hause ausgerechnet im Raubmord den einzigen Ausweg aus seiner finanziellen Schieflage sah, ist damals wie heute nicht zufriedenstellend zu beantworten. „Wenn er seinem Vater geschrieben hätte, würde er umgehend Geld erhalten haben, es widerstrebte ihm aber, sich seinem Vater zu offenbaren", schildert der Gerichtsberichterstatter Hugo Friedländer und resümiert: „Unergründlich sind die inneren Seelenvorgänge eines Menschen".

Spuren in der Stadt

Am Bahnhof Klein Flottbek stieg der Mörder nach seiner blutigen Tat aus, der in Altona als Untermieter in der Rolandstraße, einer ehemaligen Seitenstraße der Großen Bergstraße, wohnte.

Knabenmord

Bestialisches Verbrechen im Park

In der Gegend des heutigen Hammer Parks befand sich früher Anwesen der Familie Sieveking, auf dessen Grundstück das grausame Verbrechen begangen wurde.

Sievekinger Park, früher Morgen des 5. Juli 1878

Das Dunkel der Nacht wich langsam einem graublauen Horizont. Die Vögel hatten längst begonnen, ihre klangvollen Lieder zu zwitschern. Die friedvolle Stimmung des anbrechenden Tages ließen den Konstabler schwermütig werden, und die Bilder in seinem Kopf marterten sein Gemüt. Wie war ein Mensch nur zu solch einem Verbrechen in der Lage? Er hatte die Leiche zwar nicht gesehen, aber die Beschreibungen seiner Kollegen ließen ihm das Blut in den Adern gefrieren. Während der Nachtschicht waren zwei patrouillierende Konstabler von einem Passanten auf eine verdächtige Person aufmerksam gemacht worden, die beim Anwesen der Familie Sieveking über eine Hecke gesprungen war. Sie vermuteten, dass der Mann in die Wirtschaftsgebäude eingebrochen war, und suchten nach einem Zugang durch das Gebüsch. Nachdem sie die Grünanlage betreten hatten, so schilderten es ihre Kollegen später, umschlich sie ein sonderbares Gefühl, und wie sich herausstellte, sollte ihr Instinkt sie nicht täuschen: Auf einer Anhöhe fanden sie das Opfer. Direkt unter einer großen Eiche lag der vollkommen entkleidete Junge, vielleicht zehn oder elf Jahre alt. Die Hände waren ihm auf dem Rücken zusammengebunden, und sein restlicher Körper – vollkommen verstümmelt. Die beiden Polizisten zeigten sich

tief erschüttert von der bestialischen Tat. In der Hoffnung, dass der Täter zurück an den Tatort kehren würde - um Spuren zu verwischen oder aus anderen abscheulichen Gründen –, wurde ihm und seinem Kollegen aufgetragen, die Hecke zu beobachten.
Nachdem sie die Anweisung erhalten hatten, verharrten sie versteckt hinter einem großen Busch am Rande des Anwesens. Von dort hatten sie die Hecke in ihrer gesamten Länge im Blick. Wer auch immer die riesige Grünfläche vor ihnen betreten würde, wäre mit großer Sicherheit der Täter. Obwohl die beiden Konstabler die ganze Nacht draußen verbrachten, verspürten sie keinerlei Müdigkeit. Zu aufgeregt waren sie bei dem Gedanken, dass sie das perverse Schwein vielleicht noch heute fassen würden. Nach und nach wurden die Konstabler allerdings immer nervöser, denn je heller und lauter der Tag wurde, desto unwahrscheinlicher erschien eine Rückkehr des Täters.
Plötzlich stupste ihn sein Kollege an und deutete auf eine Stelle. Sie sahen, wie die Blätter der Hecke zu zittern begannen und sich ein Mann mit gebeugter Körperhaltung durch das Grün schob. Schnell gingen die beiden Konstabler in Deckung. Durch die kahlen Stellen des Busches verfolgten sie die Bewegungen des Verdächtigen. Der Mann lief direkt in ihre Richtung. Noch wenige Sekunden, dann würde er an ihnen vorbeikommen. Voller Anspannung warteten die beiden Polizisten auf den richtigen Moment. Dann preschten sie los. In wenigen Sekunden hatten sie den Mann überrumpelt. Für die beiden Konstabler stand fest: Der gefasste Mann *musste* einfach der Schuldige sein ...

In der Nacht vom 4. auf den 5. Juli werden zwei Konstabler von einem Bäcker angesprochen, der beobachtete, wie ein verdächtig aussehender Mann über die Hecke des Sievekinger Parks gesprungen ist. Auf dem Gelände entdecken sie den grausamen Fund: Auf einer kleinen Anhöhe, dem Weinberg, liegt eine entkleidete und entsetzlich verstümmelte Leiche eines Knaben, dem die Arme mit einem Riemen auf dem Rücken zusammengebunden waren. „Der erste Anblick zeigte, dass hier ein bestialisches Verbrechen verübt war, dem ein schändliches unsittliches Attentat vorangegangen sein musste", steht in der Polizeiakte vermerkt. Ein Verdächtiger wird bereits wenige Stunden später festgenommen, nachdem sich dieser in der Umgebung des Fundortes aufgehalten hatte.

Wer heute durch den Hammer Park flaniert, weiß meist nicht um die grausame Tat, die hier einst verübt wurde.

Der Zeuge kann bestätigen, dass es sich bei dem festgesetzten Mann um dieselbe Person handelt, denn er soll auffallend geschielt haben. Der Verdacht, dass es sich bei ihm tatsächlich um den Mörder handelt, erhärtet sich schnell: Seine Kleidung ist voller Blut, und er trägt Stiefel, die zu den Fußspuren bei der Leiche passen. Zudem hatten die Polizisten am Tatort ein Taschentuch des Verdächtigen gefunden. Aufgrund der Aussage eines Schaffners, der den Jungen am 4. Juli in Begleitung eines Mannes gesehen haben soll, und zwar exakt 17:18 Uhr – er war gerade an seiner Endstation vor dem Sievekinger Park angekommen –, kann die Kriminalpolizei den Tathergang wie folgt rekonstruieren: „Der Knabe hatte die Schule um 4 Uhr nachmittags verlassen, musste von dem Mörder auf dem Nachhausewege aufgegriffen und zum Hammer Park gelockt worden sein, woselbst dann das Verbrechen in den Abendstunden begangen wurde", heißt es in der Akte. Bei dem Opfer handelt sich um den elfjährigen Albert Blom, der sich an besagtem Nachmittag auf dem Nachhauseweg von seiner Schule in der Böckmannstraße im Stadtteil St. Georg befand.

„Der Knabe hatte die Schule um 4 Uhr nachmittags verlassen, musste von dem Mörder auf dem Nachhausewege aufgegriffen und zum Hammer Park gelockt worden sein."

Der Täter, ein Mann namens Johann Döpcke, war der Polizei nicht unbekannt: Er war bereits wegen Sittlichkeitsdelikten vorbestraft, nachdem er sich 1874 in Altona als Polizeibeamter ausgegeben und an einigen Dutzend Gymnasiasten unsittliche Handlungen begangen hatte. Nach einer dreijährigen Zuchthausstrafe wurde er entlassen. Nur wenige Zeit später beging er die grausame Tat im Sievekinger Park.

Am 13. Dezember 1878 wird Johann Döpcke im Hof des Gefängnisses an der Raboisen-Wache in der Ferdinandstraße hingerichtet.

Spuren in der Stadt

Die Leiche des Jungen wurde auf dem Weinberg im nördlichen Teil des Hammer Parks gefunden. Bevor die Anlage ab 1914 in den öffentlichen Besitz überging, gehörte der Park der Familie Sieveking.

Lord von Barmbeck

Vom Schulschwänzer zum Panzerknacker

Gentleman oder Ganove? Julius Adolf Petersen blieb vor allem wegen seiner Erscheinung und seinem Auftreten in Erinnerung.

Uhlenhorst, in der Nacht vom 1. auf den 2. März 1902

Die Uhr stand exakt auf einer Stunde nach Mitternacht, als Adolf die beiden Männer am Eingang des Waisenhauses traf. Einer der dunkel gekleideten Figuren, Hundsrobert, wies ihnen den Weg und führte sie zum nahe gelegenen Grundstück des Bäckermeisters. Als dessen ehemaliger Knecht wusste er, dass der Bäcker in seinem Heim eine nicht geringe Geldsumme aufbewahrte.

Hundsrobert erklärte Adolf und dem dritten Mann, genannt Rabenmax, in knappen Worten die Anordnung der Stuben und erklärte ihnen, wo der Sekretär stand, in dem der Bäckermeister sein Geld verwahrte. Danach zog er sich schnell zurück, denn sein Gesicht war den Opfern bekannt. Geduckt eilten die beiden jungen Männer über den Hof des Grundstücks. Mit wenigen geschickten Handgriffen unter Zuhilfenahme eines Brecheisens öffnete Rabenmax das Fenster, das mit zwei kleinen Haken verschlossen war. Adolf blieb allein im Hof zurück. Sein Puls raste, während er zur Straße und wieder zurück patrouillierte. Für ihn war es der erste nächtliche Einbruch. In jeder Ecke sah er einen Schatten, hörte ein

Rascheln oder meinte, Stimmen zu vernehmen. Er erschrak zutiefst, als er plötzlich Bewegungen am offenen Fenster wahrnahm. Zu seiner Erleichterung war es Rabenmax, der hastig herauskletterte. „Ich habe keine Streichhölzer mehr", flüsterte dieser und blickte sich nach allen Ecken um. „Ich auch nicht", erwiderte Adolf, nachdem er seine Taschen abgesucht hatte. Ohne ein Wort zu verlieren, kehrte Rabenmax ihm den Rücken zu und kletterte durch das Fenster zurück ins Haus. Nach wenigen Momenten wurde es in der Wohnstube allerdings hell: Er hatte den Gaskronleuchter entzündet! Jetzt musste es schnell gehen, bevor die Hausbewohner oder aufmerksame Nachbarn misstrauisch werden würden. Durch das Fenster beobachtete Adolf jeden Schritt seines Komplizen: Mit einem Dolchmesser im Mund und Brechstange in der Hand schlich Rabenmax zum Sekretär und öffnete geräuschlos die Verriegelung. Im Licht des Kronleuchters bestaunte er den Inhalt des kleinen Beutels, den er aus dem Schrank entwendet hatte. Dann löschte er das Licht und stieg aus dem Fenster. Gemeinsam eilten sie zurück zu Hundsrobert, der in einem Gebüsch auf sie gewartet hatte.

Bereichert um 600 Mark kehrte Adolf zurück nach Hause. Bald würde er zur Arbeit aufbrechen, damit ja kein Verdacht auf ihn fiele. Währenddessen träumte er von ihm fremden Leckerbissen, mit dem Wissen im Herzen, dass dies nicht sein letzter Einbruch sein würde.

Barmbeck,
Achzehn Jahre später

„Volltreffer!“, jauchzte Oskar und umkreiste mit einem hämischen Grinsen im Gesicht seinen Freund. Mit nur einem Versuch war es ihm gelungen, die Blechdose durch das kleine Fenster zu treffen. Die Freude über sein Kunststück verflog allerdings, als sie aus besagter Öffnung ein dumpfes Fluchen vernahmen. „Mist!“, zischte Hans. Sie hörten, wie die Türe neben dem Fenster aufgerissen wurde und zornige Augen sie anfunkelten. „Schnell weg!“, brüllte Oskar und packte seinen Freund an der Schulter. Gemeinsam rannten sie weg und schoben sich durch einen schmalen Durchgang in die nächste Gasse. Dort preschten sie durch eine kleine Traube aus Nachbarskindern, unter einer vollbepackten Wäscheleine hindurch, vorbei an den offenstehenden Fenstern, durch die Essensgerüche und laute Stimmen drangen. Keiner der beiden traute sich, sich nach dem Verfolger umzudrehen. Vollkommen auf den vor ihnen liegenden Weg konzentriert, bogen sie scharf in einen niedrigen Durchgang ab. Mit geschickten Bewegungen robbten sie hindurch. Auf der anderen Seite angekommen, klopfte sie sich den Dreck von den Hosen. „Das gibt bestimmt Ärger“, sagte Hans und deutete auf einen Fleck auf seinem Hosenbein. Oskar erwiderte seine Sorge mit einem lauten Lachen, und gemeinsam schlenderten sie die breite Straße entlang, die rechts und links mit eng beieinander stehenden Häusern gerahmt war, hinter denen dichter Rauch in den Himmel aufstieg.

Erheitert zogen die beiden Jungs an dem geschäftigen

Treiben auf der Straße vorbei. Sie begegneten einigen erschöpften Arbeitern, die gerade nach Hause kamen, und passierten eine kleine Gruppe aus Frauen – und bangten sogleich, ihre Mütter seien darunter, die ihnen sicherlich Arbeit auftragen würden. Plötzlich hielt Oskar inne. „Sieh doch!“, rief er und deutete ans Ende der Straße. Dort stach eine Gruppe inmitten der einfachen Leute sofort heraus: Drei hochgewachsene, gut gekleidete Männer begleiteten einen vierten. „Das ist der Lord von Barmbeck!“, flüsterte Hans und trat einen Schritt zurück. „Ja, ich weiß“, erwiderte Oskar, der seinen Blick kaum lösen konnte. „Lass uns gehen“, drängte Hans, „meine Mutter sagt immer, er bringt Unheil.“ Einige der umstehenden Frauen und Männer wendeten den Blick ab, andere nickten der Vierergruppe zu. Oskar stockte der Atem, als der Lord auf ihn aufmerksam wurde und direkt auf ihn zuging. „Oh nein“, wimmerte Hans und bedeckte seine Augen. Gepackt von Ehrfurcht und Unbehagen konnte Oskar sich nicht bewegen. Der feine Anzug mit dem schicken Hut imponierte ihm, noch mehr aber beeindruckte ihn der gepflegte Schnurrbart. Und welch feinen Duft der Mann an sich hatte! Oskars Anspannung steigerte sich, als der Lord in seine rechte Tasche griff. Zu seiner Überraschung holte er eine Handvoll Bonbons hervor, die er in Oskars Hände legte. Dann zwinkerte er dem Jungen zu und ging mit seinen drei Gefolgsmännern wieder seines Weges. Erst als Hans sich vor ihn stellte und sich an den soeben geschenkten Süßigkeiten bediente, erwachte Oskar wieder aus seiner Starre. Er hatte es schon immer gewusst: Der Lord von Barmbeck war einer von den Guten.

Der „Lord", 1882 mit bürgerlichem Namen Julius Adolf Petersen in Hamm geboren, zählt bis heute zu den bekanntesten Verbrechern Hamburgs und gilt als *der* Panzerknacker schlechtin. „Der Lord von Barmbeck war jedoch kein Robin Hood", stellt Reinhard Otto von der Geschichtswerkstatt Barmbek klar, „auch wenn das ein Narrativ ist, das gerne erzählt wird." Um zu verstehen, wie Petersen zu dem schmeichelhaften Ruf als Helfer der Armen kommt, bedarf es einen Blick in das Umfeld, in dem Petersen seine Jugend verbracht hat, genauer auf den Stadtteil Barmbek (bis 1946 Barmbe*ck* geschrieben).

„Um 1900 sah Barmbek ganz anders als heute aus", fährt der Diplom-Geograf fort. Statt einer geordneten und aufgelockerten Zeilenbauweise mit viel Grün dazwischen stehen die Häuser dicht aneinander, durchzogen mit engen Gassen und kleinen Hinterhöfen. „Erst während den 1920er- und 1930er-Jahren lockerte sich die Gegend durch eine Blockbauweise auf, die keinen Platz für uneinsichtige Hinterhöfe und enge Straßen ließ. Nach dem Zweiten Weltkrieg wurden die Häuser schließlich in einer offenen Zeilenbauweise errichtet." Auch die Zahl der Bewohner des Viertels war bedeutend größer: „Zur Zeit Petersens zählten die beiden Stadtteile Barmbek Nord und Süd etwa 160.000 Einwohner. Mit dem Wiederaufbau nach 1945 belief sich die Zahl auf 50.000, heute sind es etwa 80.000 Menschen."

Zudem sei Barmbek zu Beginn des 20. Jahrhunderts aber vor allem eines gewesen: ein Arbeiterviertel. Zwischen den damals noch verputzten Backsteinbauten liegen das Gas- und Elektrizitätswerk, eine Brot- und Limonadenfabrik, Rauch hängt stets über den zahlreichen Vorderhäusern mit ihren Minigärten, den vielen Quergebäuden und schwer zugänglichen Ecken und Winkeln. Das Leben ist hart. In den großen Fabriken verdienen die arbeitenden Mütter und Väter kaum genug Geld, um ihre Kinder durchzubringen, die oft von Krankheiten wie Rachitis geplagt werden.

Besonders schwer ist die Lage während des Ersten Weltkriegs. „Je länger der Krieg gedauert hat, desto schlimmer wurden die Zustände. Die Menschen litten Hunger", erklärt Reinhard Otto. Zu dieser Zeit ist Petersen bereits ein erfolgreicher Dieb, denn aufgrund seiner Vergangenheit als Krimineller „darf" er nicht an die Front. „In dieser Notzeit hat er dann sicherlich mal einen Sack Kartoffeln oder eine Dose bei seinen Raubzügen mitgehen lassen und dann im Viertel verteilt. Ihn, der ganze Tresore ausräumt, interessiert das natürlich nicht." Für die Arbeiter hätten die Lebensmittel hingegen einen anderen Stellenwert. Sachgüter seien für die ärmliche Bevölkerung in Barmbek ohnehin besser gewesen, denn wer dort plötzlich über viel Geld verfügt, macht sich schnell verdächtig. Während sich die Menschen also über kleine Geschenke des „Lords" freuen, versichert sich Petersen deren Gunst. Im Falle einer Befragung würden die Nutznießer sicherlich weder etwas gesehen noch gehört haben.

Diplom-Geograf Reinhard Otto ist stellvertretender Vorsitzender im Dachverband Geschichtswerkstätten Hamburg e.V. und seit 1990 bei der Geschichtswerkstatt Barmbek aktiv.

Das Viertel selbst ist in dieser Zeit eine ausgeprägte Grauzone zwischen Legalität und Illegalität. „Einerseits gehen zwar viele Menschen normal ihrer Arbeit nach, versuchen ordentlich und ehrlich durchs Leben zu kommen. Andererseits verfolgen vor allem jüngere Männer halbkriminelle Aktivitäten", fährt der Mitarbeiter der Geschichtswerkstatt Barmbek fort. Vor allem im benachbarten – und wohlhabenderen – Stadtteil Uhlenhorst am Alstersee genießt das Viertel keinen guten Ruf, sie bezeichnen es als „basch". „Werd mir nicht basch!" sei eine übliche Redewendung gewesen, die von Außenstehenden als Beleidigung genutzt worden sei. Die Menschen in den engen Arbeiterquartieren bewerten das Wort hingegen positiv: „Es bedeutet, nicht alles mitzumachen, seinen eigenen Willen zu besitzen. Beispielsweise konnte ein Mädchen im Teenageralter *basch* sein, also eine junge Frau, die sich nichts gefallen ließ."

Ein solcher „bascher" Typ ist Petersen – und das bereits als Kind. Als der Junge wiederholt von seinem Lehrer mit dem Rohrstock geschlagen wird, wehrt er sich. Er beißt ihn, schüttet ihm den Inhalt eines Tintenfasses ins Gesicht und rennt davon. Aus Angst vor seinem Vater lebt er für vier Wochen auf der Straße, wo er die ersten Handgriffe für kleinere Diebstähle lernt. Erst als seine Mutter den Vater beschwichtigen kann, bringt sie ihn nach Hause, und Adolf wechselt die Schule. „Aber", wie Petersen in seinen Memoiren später schreiben wird, „in diesen vier Wochen hatte ich Gift getrunken, Gift in vollen Zügen. Eine ganze Reihe Streiche und Untugenden hatte ich in meine Seele gegraben."

In den nachfolgenden Jahren bricht Petersen begonnene Ausbildungen immer wieder ab. Seinen ersten Einbruch unternimmt er mit neunzehn Jahren, den er in seinen Memoiren ausführlich schildert: Gemeinsam mit „Hundsrobert" und „Rabenmax" raubt er einen Bäckermeister in Uhlenhorst aus. „Durch seinen ersten Einbruch kam Petersen sofort an eine Menge Geld, was natürlich eine entsprechende Verlockung darstellte", fährt Reinhard Otto fort. Nachdem Petersen für einige Zeit in Dänemark untergetaucht war, nimmt seine kriminelle Laufbahn Fahrt auf: Immer wieder begeht er Einbrüche, die Beute wächst stetig. Doch im Jahr 1917 wird er geschnappt und muss für drei Jahre ins Zuchthaus.

Nach seiner Entlassung eröffnet Petersen in Barmbeck Süd eine Kneipe, zwei Parallelstraßen zur Heitmannstraße, in der er aufgewachsen ist. Von kriminellen Handlungen lässt er jedoch nicht ab, ganz im Gegenteil: Die Wirtschaft wird zum idealen Treffpunkt, um Einbrüche und Diebstähle zu organisieren – und diese werden ab 1920 immer spektakulärer. Am Ende seines Lebens wird Petersen 49 Einbrüche und Raubüberfälle begangen haben, darunter auch die Amtskasse der Hamburger Seewarte und das Postamt in der Susannenstraße. Die Gesamtbeute beläuft sich nach heutigen Maßstäben auf Millionen, Geld, das auch sein Äußeres widerspiegelt: Petersen präsentiert sich in schickem Anzug und Melone, setzt sich mit weißem Kragen, Krawatte und Lackschuhen in Szene. Für die Polizei steht fest, dass Petersen, der im selben Zeitraum von der Presse „Lord von Barmbeck" getauft wurde, noch immer kriminell unterwegs ist. Es fehlt jedoch an Beweisen und Zeugenaussagen. Helfer, die Schmiere stehen, und Mittelsmänner, die die Beute verhökern, verhindern, dass er erwischt wird. Zudem kauft Petersen sich Zeugen, besorgt sich Alibis und besticht Polizisten, während er die Barmbeker mit kleinen Aufmerksamkeiten bedenkt. Reine Selbstlosigkeit sei das allerdings nicht gewesen: „Es half ihm, dass die Menschen in Barmbeck den Mund gehalten haben, wenn sie etwas wussten", erklärt Reinhard Otto, „und das hat letztendlich zu seinem Mythos beigetragen." Der Robin-Hood-Mythos würde sich auch deshalb so hartnäckig halten, weil ansonsten nur wenig über ihn bekannt sei. Abgesehen von seinen Memoiren ist der Bestand an Akten überschaubar, zudem ist Petersen nach 1921 in der Öffentlichkeit nicht mehr präsent. Denn es kam, wie es am Ende kommen musste: In besagtem Jahr wird der „Lord" erneut gefasst.

Seine Bande zählt bei seiner Verhaftung etwa 200 Mitglieder, darunter auch Polizisten. Etwa doppelt so viele Helfer beteiligten sich an dessen Verbrechen. Doch dieses Mal verläuft der Prozess anders: Einige Komplizen, die er bewusst – oder unbewusst – verprellt hatte, verpfeifen ihn. Petersen wird zu fünfzehn Jahren Haft verurteilt. Zwar wird er 1932 wegen guter Führung vorzeitig entlassen, doch wenige Monate später stellt ihn die Polizei bei einem versuchten Einbruch. Mit einundfünfzig Jahren erhängt er sich in Untersuchungshaft. Erst vierzig Jahre nach seinem Tod sollten seine 1927 verfassten Memoiren auf über 700 handschriftlichen Seiten wiederentdeckt werden.

Spuren in der Stadt

Das Haus mit der Adresse Beim Alten Schützenhof 16, in dem sich die Kellerkneipe Petersens befand, steht noch heute an der Ecke zur Bartholomäusstraße.

Strandleichen

Ein Doppelmord auf Pellworm?

Tagelang haben die Leichen von Therese Dopfer und Maria Fischer am Strand auf Pellworm gelegen, bis sie schließlich entdeckt wurden.

Staatsbibliothek Hamburg, im Jahr 2002

Was hatte er da eben gelesen? Behutsam nahm der Autor seine Brille ab und rieb seine müden Augen. Die Stille in der Bibliothek und der große Bücherstapel auf seinem Arbeitsplatz ließen ihn schläfrig werden. Seit Stunden schon durchblätterte er historische Werke, Chroniken, Festschriften sowie Abhandlungen und machte sich Notizen zur Arbeitsweise der Hamburger Polizei. Nun war über einen Absatz in einer alten Festschrift gestolpert, die besagte, dass im Jahr 1931 die Dienststelle für Weibliche Kriminalpolizei aufgelöst und die Dienstleiterin entlassen worden sei, weil zwei Untergebene gestorben waren. Was ihn stutzig werden ließ, war die kuriose Ergänzung: Obwohl der Dienstleiterin keine Schuld am Tod nachgewiesen werden konnte, musste sie ihren Posten räumen. Damit würde er sich morgen beschäftigen, dachte sich der Autor. Jetzt brauchte er dringend frische Luft.

Als Robert Brack am nächsten Morgen seine Recherchen in der Staatsbibliothek wieder aufnahm, kam ihm die Meldung noch sonderbarer vor: „Am 9.7.1931 trieben die Leichen zweier Hamburger Kriminalbeamtinnen am Strand von Pellworm an, die wegen – wie sich in der späteren Untersuchung herausstellen sollte – dienstlicher Misshelligkeiten freiwillig in den Tod gegangen waren. Es kam zu einem Eklat.

Am 12.7.1931 wurde die Dienststelle in ihrer alten Form aufgelöst, männlicher Leitung unterstellt und die Aufgabengebiete neu verteilt." Nach fast vierwöchiger Verhandlung der Disziplinarkammer sei schließlich die Leiterin Josephine Erkens für schuldig befunden und aus dem Dienst entlassen worden. Das Gericht kam allerdings zu der Überzeugung, so endete die Meldung, dass sie am Tode der beiden Frauen unschuldig gewesen sei und keine ungehörige Behandlung von Untergebenen vorliege.
Wieso, fragte sich der Autor, wurde die Abteilung der Weiblichen Kriminalpolizei komplett aufgelöst - und was hatte es mit dem Tod der Untergebenen auf sich? Eine schnelle Recherche stieß ihn auf eine Publikation zu Erkens und die Anfänge der weiblichen Polizei - doch die eigentlichen Todesumstände und konkreten Hintergründe wurden darin nicht aufgedeckt. Das kriminalistische Rätsel blieb ungelöst. Nun nahm er sich alles vor, was er in der Bibliothek sowie im Staatsarchiv dazu finden konnte: Die Akte mit der Begründung des Gerichtsurteils, bei dem das Disziplinarverfahren eröffnet und Erkens aus dem Dienst entlassen wurde, Zeugenaussagen, Personalakten und Zeitungsberichte. Seine Nachforschungen brachten ihn schließlich bis an den Ort des Geschehens, er suchte alle Stationen auf, die relevant gewesen sein konnten. Was er dort vorfand, brachte jedoch kein Licht ins Dunkel, ganz im Gegenteil. Die Angelegenheit wurde zunehmend mysteriöser. Am Ende fand er sich in einem Meer aus Widersprüchlichkeiten wieder, umspült von persönlichen und politischen Motiven, gefangen in den Narrativen des Gerichtsurteils. Alles, was er mit Sicherheit wusste: Hier war ein Unrecht geschehen.

„Durch Zufall bin ich auf diesen Absatz in der Festschrift gestoßen, als ich für die St.-Pauli-Trilogie zur Geschichte der Hamburger Polizei recherchiert habe", schildert Kriminalautor Robert Brack seine Entdeckung der Meldung, die besagt hatte, dass aufgrund von zwei Todesfällen die Weibliche Kriminalpolizei aufgelöst worden sei. Auch wenn die Mitteilung für seine aktuelle Buchrecherche keine Verwendung gefunden habe, so hatte sie seine Neugier geweckt. Er beginnt, parallel zu seinen anderen Recherchearbeiten weitere Nachforschungen anzustellen. Sechs Jahre, nachdem Robert Brack im Archiv auf die sonderbare Anzeige gestoßen war, erscheint sein Roman *Und das Meer gab seine Toten wieder*. Darin schildert der Autor in der Rolle der fiktiven Ermittlerin Jennifer Stevenson, einer Abgesandten der „International Police Women's Association", zu welchen Erkenntnissen er im Laufe seiner Recherchen gekommen war – und zu welcher Schlussfolgerung: „Alles, was die englische Polizistin im Roman herausfindet wie auch der Weg, den sie geht, mit den Informationen, die sie findet – das war genau der Weg, den ich auch gegangen bin. Die Ermittlerin macht in einer fiktiven Welt die gleichen Schritte, die ich in der Realität gemacht habe, um die Puzzleteile zusammenzusetzen."

Um den Fall aufzulösen, der bis dato von keiner Stelle abschließend geklärt worden war, sucht der Autor verschiedene Archive in Hamburg und Schleswig-Holstein auf. Anhand seiner Recherchen kann er folgendes Szenario rekonstruieren: Gemeinsam mit ihren Kolleginnen Therese Dopfer und Maria Fischer – den beiden toten Frauen, die zudem ein Liebespaar waren –, trifft Josephine Erkens 1927 in Hamburg ein, wo sie die Leitung der neu eingerichteten Abteilung übernimmt. Doch nicht alle sind von ihrer Arbeit begeistert, auch nicht der Leiter der Kriminalpolizei und stellvertretender Polizeipräsident Dr. Friedrich Schlanbusch. Immer wieder kommt es zum Konflikt: „Schlanbusch verweigerte ihr beispielsweise, eine Dienstwaffe zu tragen. Daraufhin besorgte sich Erkens über einen Kollegen eine Waffe – was ihr Vorgesetzter natürlich erfuhr und die Situation verschärfte", schildert Robert Brack ein Beispiel. Mit dem tragischen Ableben der beiden Frauen eskaliert die Situation schließlich: Laut der Akte mit der Begründung des Gerichtsurteils hätten sich die vierunddreißigjährige Therese Dopfer und sechsunddreißigjährige Maria Fischer auf Pellworm das Leben genommen. „In einem Abschiedsbrief, den die beiden Verstorbenen zuvor an Schlanbusch geschickt hatten, beschuldigten sie ihre Vorgesetzte Josephine Erkens", weiß der Autor zu berichten. Erkens, die zu diesem Zeitpunkt einundvierzig Jahre alt ist, sei dafür verantwortlich, dass die beiden Frauen diesen Schritt gegangen wären. Wenige Tage später wird die Weibliche Kriminalpolizei in Hamburg aufgelöst und Josephine Erkens als Folge des Disziplinarverfahrens unehrenhaft aus dem Dienst entlassen. Doch noch immer bleiben für Robert Brack viele Fragen offen: Was hatte Josephine Erkens mit dem Tod der beiden Frauen zu tun? Wieso wurde die ganze Abteilung geschlossen, obwohl die Verfehlung der Leiterin gar nicht erwiesen war? Und weshalb enthielten die Tageszeitungen unterschiedliche Meldungen? Einmal habe sich das Paar mit Gift umgebracht, dann hätten sie sich erschossen oder sich gegenseitig im Meer ertränkt – völlig widersinnig –, mal waren sie gefesselt aufgefunden worden, mal angespült am Strand. Mehr noch: Das Datum variiert vom Tag des verfassten Abschiedsbriefs am 3. Juli bis zur Auffindung am 9. Juli. Dabei soll Schlanbusch nach Erhalt des Briefes seine Männer sofort losgeschickt und die Kollegen vor Ort informiert haben. Weshalb werden die beiden Leichen am Strand also so spät entdeckt, fragt sich Robert Brack bei seinen Recherchen.

Robert Brack ist Autor zahlreicher Kriminalromane und Erzählungen. Bekannt ist er vor allem für seine St. Pauli-Trilogie, die er unter dem Pseudonym Virgina Doyle verfasst hat, sowie seine als Robert Brack geschriebenen Romane wie *Blutsonntag*, in dem er den Altonaer Blutsonntag vom 17. Juli 1932 – einen Aufmarsch der SA – historisch aufarbeitet.

Ein erster Durchbruch gelingt dem Autor, als er während seiner weiteren Recherchen auf eine entscheidende Spur stößt. Beim erneuten Studium des Gerichtsurteils entnimmt er einer Zeugenaussage, dass es am 2. Juli 1931 – einen Tag bevor die Frauen den Abschiedsbrief aufsetzten – einen Streit zwischen Josephine Erkens und Therese Dopfer gegeben haben muss. Dabei sei auch eine Vase zu Bruch gegangen. Das würde sich mit dem Inhalt des Abschiedsbriefs decken: „Nach dem Benehmen gestern von Frau Erkens wissen wir, dass wir uns dieser schamlosen Frau nie unterordnen können". Das bestätigt Robert Brack in seiner Annahme, dass der Inhalt des Schreibens – der lediglich in abgetippter Form vorliegt – echt sein müsse. „Eine Zeit lang habe ich zwar gezweifelt, ob der Brief vielleicht gefälscht war. Doch so wie er geschrieben war, kam er mir authentisch vor: eine Mischung aus unterdrückten Emotionen und einer beamtenartigen Ausdrucksweise."

Sonderbar erscheinen dem Kriminalautor zudem die widersprüchlichen Zeitungsartikel, die über den Tod der beiden Frauen berichten: „Keiner wusste Antwort darauf, wieso die Leichen tagelang am Strand gelegen haben", schildert der Autor. Wie die englische Romanermittlerin hat sich Robert Brack vor Ort umgeschaut, und im Husumer Archiv findet er einen entscheidenden Hinweis, der erklärt, warum die Leichen – obwohl sie am Strand gelegen haben – so lange nicht gefunden wurden: „Es herrschte Sturm! Es gab eine regelrechte Verwüstung, die Telefondrähte waren zerrissen und das Gelände nicht zugänglich. Natürlich konnte bei diesem Zustand kein Mensch aus dem Haus. Da erst wurde mir klar, dass die beiden Frauen dort tatsächlich die ganze Zeit gelegen hatten und – wundersamerweise – während des Sturms nicht weggespült wurden." Diese Schlussfolgerung deckt sich mit dem Ergebnis des Obduktionsberichts, demzufolge sich die Frauen mit Zyankali umgebracht hätten. Die Mitteilungen in den Zeitungen enthielten folglich größtenteils Falschmeldungen. „Möglicherweise erhielt eine Zeitung Informationen aus erster Hand, und die anderen Blätter, die unter Druck standen, ebenfalls zu berichten, erfanden Angaben zu den Umständen", überlegt Robert Brack.

Für den Autor – wie die Ermittlerin Stevenson – erscheint das Szenario eines doppelten Suizids der beiden Liebenden immer wahrscheinlicher. Dafür spricht neben dem Abschiedsbrief auch der Umstand, dass Therese Dopfer laut Zeugenaussagen von manisch-depressiven Zügen gezeichnet sei und Maria Fischer bereits einen Selbstmordversuch hinter sich haben soll. Lag also tatsächlich bei Erkens so etwas wie eine Mitschuld vor, indem sie die beiden so weit gebracht hat, dass sie sich das Leben nahmen? Wenn auch der Roman einige fiktive Elemente und Spekulationen erhält, so hat sich der Autor möglichst genau an alle Erkenntnisse gehalten, um möglichst nahe an der Realität zu bleiben – bis auf eine Stelle: Denn was im Büro vorgefallen ist, hat Robert Brack nie herausfinden können.

„Genauso wie für die Kommissarin blieb für mich am Ende das Rätsel offen: Was bedeutete dieser Brief? Und was ist denn am Tag vorher in dem Büro passiert, was hat da stattgefunden, was haben sie besprochen?", fragt sich Robert Brack und formuliert im Roman seine Theorie: „Meine Überlegung war, dass Josephine Erkens die beiden Frauen trennen wollte, also im Dienst. Zwar ist das reine Spekulation, aber klar ist, dass es eine große Sache gewesen sein muss, denn es war scheinbar ein sehr emotionaler Streit. Und da Erkens mit der Situation überfordert war – und das persönliche Verhältnis der beiden Frauen dem Dienst offenbar im Weg stand –, strebte sie möglicherweise eine Versetzung einer der beiden Frauen an. Diese Spekulation habe ich mir am Ende erlaubt."

Fest steht: Ein Verbrechen im strafrechtlichen Sinne hat es – mit großer Wahrscheinlichkeit – nie gegeben. Vielmehr sind einige Umstände in denkbar ungünstiger Konstellation aufeinandergetroffen: Durch das ablehnende Verhalten des Vorgesetzten Dr. Schlanbusch sowie vieler männlicher Kollegen erfuhr Erkens, eine aufstrebende und ehrgeizige Polizistin, permanenten Gegenwind. „Erkens war nach dessen Meinung nicht als Führungskraft geeignet", fährt der Autor fort und bezieht sich damit auf die einzige wissenschaftliche Publikation, die er damals zu dem Thema finden konnte: *„Nicht für eine Führungsposition geeignet": Josephine Erkens und die Anfänge weiblicher Polizei in Deutschland 1923-1933* von Ursula Nienhaus. Die Veröffentlichung half dem Kriminalbuchautor allerdings nur bedingt weiter, denn darin lag der Fokus auf der Geschichte der Weiblichen Polizei und deren Rechtsstellung. Was sich zugetragen hatte – und vor allem, was es mit den beiden toten Frauen auf sich hatte –, war hingegen nicht Gegenstand der Publikation. Auch wenn Erkens durchaus Fehler gemacht habe, die in so einer Führungsposition nicht hätten passieren dürfen, merkt der Kriminalbuchautor an, hätte die Schuld dennoch nicht bei der Dienstleiterin gelegen: „In einer Männerdomäne, die so hierarchisch aufgebaut ist, war es von vornherein klar, dass es zu Konflikten kommen *muss*. Schon allein wegen der patriarchalischen Strukturen. Zudem war die Leitung der Polizeibehörde zwischen demokratischen und rechten antidemokratischen Kräften - zu denen auch Dr. Schlanbusch gehörte – politisch hart umkämpft." Hätte sie andere Vorgesetzte oder aufgeschlossenere Kollegen gehabt, wäre vielleicht alles anders gelaufen, merkt Robert Brack an. „Aber sie war Einzelkämpferin, und jeder Fehler wurde ihr fein säuberlich unter die Nase gerieben. Der Tod der beiden Frauen, die sie in ihrem Brief beschuldigt hatten, nutzten die Gegenspieler daraufhin aus, um sie abzusägen. Dass die Dienststelle aufgelöst wurde, ist ein Hinweis darauf, dass es eigentlich ein politischer Akt war – denn sie hätte ja auch versetzt werden können. Das hauruckartige Ende der Weiblichen Polizei beweist, dass es starke Kräfte gab, die das Experiment scheitern sehen wollten." Dieses toxische Arbeitsumfeld erschwerte die ohnehin schwierige Situation für Erkens. Um sich Respekt zu verschaffen, griff sie gegenüber ihren Kolleginnen hart durch, was im Fall der beiden Frauen Therese Dopfer und Maria Fischer zu katastrophalen Folgen geführt hat: Die zwei – vermutlich labilen – Frauen trafen also auf eine bei internen Konfliktsituationen überforderte Vorgesetzte, die wiederum unter der Willkür und Ablehnung ihres Vorgesetzten gelitten hat. Daraus ergab sich eine furchtbare Tragödie, die mehr als nur das Leben zweier Frauen betrifft: nämlich den Kampf der Frauen um ihre Gleichstellung. Insofern hat Robert Brack mit seinem Roman zur Weiblichen Kriminalpolizei den Polizistinnen eine Stimme gegeben.

> ***„Das hauruckartige Ende der Weiblichen Polizei beweist, dass es starke Kräfte gab, die das Experiment scheitern sehen wollten."***

Spuren in der Stadt

In den Gebäuden des „Geschichtsortes Stadthaus“ in den Stadthöfen an der Stadthausbrücke 6 befand sich von 1814 bis 1943 der Sitz des Hamburger Polizeipräsidiums, in dem von 1927 bis zur Auflösung im Jahr 1932 auch die Weibliche Kriminalpolizei untergebracht war. Mit der Machtergreifung im Jahr 1933 entwickelte sich die Behörde dort zur Zentrale des nationalsozialistischen Terrors in Hamburg.

ABGETIPPTER ABSCHIEDSBRIEF VOM 3. JULI 1931

Sehr geehrter Herr Regierungsdirektor!

Der Schritt, ins Büro zurückzukommen und unter Frau Erkens weiterzuarbeiten, war uns unmöglich. Nach dem Benehmen gestern von Frau Erkens wissen wir, dass wir uns dieser schamlosen Frau nie unterordnen können. Die Behörde gibt und den Weg nicht frei. In einem Vierteljahr würde man uns unsere ganz Kraft genommen haben. Wenn man nicht mehr an das Gute und Gerechte glauben kann, ist es besser, wenn man allem ein Ziel setzt. Wir fahren deshalb nach den Halligen und kommen nicht mehr zurück. Wir gehen den Schritt klar und bewusst. Nur deshalb geben wir Ihnen davon Nachricht, dass andere Menschen vor dem gleichen Schicksal bewahrt werden, denn wir wissen, dass noch andere gleich schwer tragen. Wir möchten Sie herzlich bitten, unseren Angehörigen Unfall durch Ertrinken mitteilen zu lassen. Die Adresse meiner Mutter ist: Dopfer, Sigmaringen; von Frl. Fischers ältestem Bruder: Georg Fischer, Wittlich Bez. Trier.

Mit bestem Gruß und Dank für alle uns erwiesene Freundlichkeit

Ihre

Th. Dopfer und

Maria Fischer

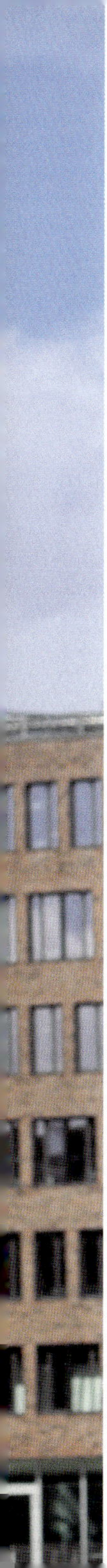

Staatsfeind Nr.1

Verbrechen liegt im Auge des Betrachters

„Gottes Freund, der Welt Feind" - so bezeichnet die Inschrift am Denkmal auf dem Grasbrook den vermeintlichen Piraten.

Vor der norwegischen Küste, im Jahr 1405

„Schiff in Sicht“, brüllte der Matrose. Nun musste es schnell gehen. Hastig passten die Männer die Segel dem geplanten Manöver an: Mit einem schnellen Kurswechsel versuchten sie, dem passierenden Schiff den Weg abzuschneiden. Würde es ihm gelingen, mit einer raschen Wende in dieselbe Windrichtung zu segeln, wäre die Verfolgung aussichtslos. Dem Gewirr aus Kommandos, Flüchen und Stöhnen folgte eine beinahe andächtige Stille. Nun bestimmte allein der Wind über Erfolg oder Misserfolg – und dieser hatte bekanntlich seinen eigenen Willen. Doch die Chancen standen gut. In stetig kleiner werdendem Abstand näherten sie sich dem zu kapernden Schiff.

Aufmerksam wartete der Matrose auf das Zeichen des Schiffers, die Drehbasse zu zünden. Obgleich es nicht das erste Mal war, dass er die Kanone bediente, hatte er jedes Mal ein mulmiges Gefühl. Er traute dem aus einzelnen Teilen geschmiedeten Rohr nicht, er war der Meinung, diese neuartige Waffe sei auf Schiffen fehl am Platz. Doch das Kommando blieb aus – der Abstand hatte sich so sehr verringert, dass eine Flucht nicht mehr möglich und die Drohgebärde demnach überflüssig war.

Wie sehr er das Leben auf See an manchen Tagen auch verabscheute – den kalten Fraß, die allgegenwärtige Feuchtigkeit und das Schlafen bei Regen unter Deck, zusammengedrängt in dem feuchten und nach Unrat stinkenden Lagerraum –, umso mehr schätzte er diese Augenblicke: Die Freude über die Beute, die besonders bei den englischen Schiffen meist beträchtlich ausfiel. Nun war es so weit. Der Kapitän schrie seine Parole und gab sich zu erkennen: Sein Name sei Störtebeker, und er würde mit seinen Männern nun das Schiff entern.

Ende des 14. Jahrhunderts verbreitete der berüchtigte Pirat Klaus Störtebeker Furcht und Schrecken auf dem Meer. Nur der Tapferkeit eines Mannes, Simon von Utrecht, war es zu verdanken, dass dem Freibeuter – vor dem kein Seefahrer sicher war – Einhalt geboten wurde. So schildert es Albert Krantz in seiner postum gedruckten Geschichtsbeschreibung *Wandalia* aus dem Jahr 1519. Es habe angefangen, so berichtet der Gelehrte, als Störtebeker mit seiner Mannschaft im Auftrag der Herzöge von Mecklenburg angeheuert worden sei, um gegen die dänische Königin Margarethe in See zu stechen. Doch der Schiffer habe sich nach dem 1395 geschlossenen Frieden zum Seeräuber gewandelt: „Er und seine Männer seien mutwillig geworden", erklärt Historiker Dr. Gregor Rohmann. „Das heißt, sie hätten sich nicht mehr an die Spielregeln gehalten und Freund und Feind bekämpft." In epischer Breite beschreibt der Chronist wie der spätere Bürgermeister Simon von Utrecht die Freibeuter zur Strecke gebracht habe und die Männer – samt Störtebeker – im Jahr 1402 in der Hansestadt hingerichtet worden seien. Doch den Piraten Klaus Störtebeker gab es gar nicht, im Gegensatz zu dem Kauffahrer „Johann Störtebeker", der vermutlich als Vorlage für die legendäre Figur gedient hat.

„Um zu verstehen, wie es zu der Legendenbildung kam – und somit auch zur Geburt des Piraten Klaus Störtebeker – muss man sich ansehen, woher Albert Krantz seine Informationen bezieht", fährt der Historiker fort. Die Geburt des Kaperfahrers ist einem Lübecker Dominikanermönch namens Hermann Korner zu verdanken: Der Ordensbruder schildert, wie die Hamburger im Jahr 1402 gegen eine Gruppe „Vitalienbrüder" vor Helgoland gesiegt und diese hingerichtet hätten, darunter auch ein Mann namens „Stortebeker". Auffallend ist jedoch, dass Korner voneinander abweichende Schriften formuliert hat: „Er hat im Verlauf der 1420er- und 30er-Jahre mehrere Fassungen seiner Chronik verfasst, je nach Empfänger und Auftraggeber. Zunächst hat ‚Stortebeker' keinen Vornamen, erst in einer späten Abschrift der 1430er-Jahre bezeichnet er ihn als Nikolaus – oder Klaus." Korner nennt also einen Vornamen, den er selbst vielleicht gar nicht kannte. Das sei nicht überraschend, merkt Gregor Rohmann an, denn Johannes, Peter und Klaus seien in dieser Zeit die häufigsten Vornamen gewesen. Auf die Niederschriften des Ordensbruders bezieht sich wiederum die „Rufus-Chronik“, die zwischen 1430 und 1438 entstand. „Der Verfasser der Rufus-Chronik missversteht Korner und schreibt eindeutig, was der Mönch nicht konkret formuliert hat, nämlich dass die Seefahrer in *Hamburg* hingerichtet worden seien.“ Von ihm schreibt dann Albert Krantz ab, und so verfestigt sich im 16. Jahrhundert die Vorstellung, Störtebeker sei der große Oberhauptmann der Piraten gewesen, der nur dank der Tapferkeit der Hamburger gefasst und in der Hansestadt hingerichtet werden konnte. Was Historiker Gregor Rohmann in seinen Forschungen allerdings enthüllt: Der „echte“ Störtebeker war ein Danziger Kapitän, der sicher bis ins Jahr 1413 nachweisbar ist. Wie(so) also wurde aus dem Kauffahrer Störtebeker ein Pirat?

Der Legendenbildung über den berühmten Freibeuter ist der Historiker in seinen Forschungen auf den Grund gegangen: „Im Fall Störtebeker war der erste Schritt, sich komplett von den chronikalischen Nachrichten, die in der Rückschau geschrieben worden sind, zu verabschieden. Viel wichtiger waren die archivalischen Quellen aus demselben Zeithorizont. Schaut man diese nun unvoreingenommen – und ohne die Legende im Hinterkopf – an, ergibt sich plötzlich ein ganz anderes Bild.“ Die meisten Informationen aus dieser Zeit stammen dabei aus Schadensersatzklagen englischer Kaufleute gegen die Hanse: In solchen Schadensmeldungen wurde festgehalten, wann welches Schiff – und von wem – geentert worden war. „Hatte eine angeheuerte Freibeutertruppe tatsächlich mal ein *befreundetes* Schiff angegriffen, dann wurde das in der Praxis pragmatisch abgewickelt, indem der Auftraggeber Schadensersatz entrichtete.“ Denn das Anheuern von Schiffen und Männern als Mittel zum Zweck, um eine bestehende Fehde auszutragen, – sei es zwischen Fürsten, Staaten oder Privatmännern –, sei gängige Praxis dieser Zeit gewesen: „Diese sogenannten ‚Auslieger‘ waren der gewalttätige Arm, quasi Söldner zur See, die von allen Akteuren angeheuert wurden, auch von Hamburg“, erklärt Gregor Rohmann. Entsprechend leitete sich der Name „Vitalienbrüder“ sehr wahrscheinlich von den „Vitailleurs“ ab: So nannten sich im 14. Jahrhundert französische Truppen im Kampf gegen England, die statt Sold einen Anteil an der Beute erhielten. Es handelte sich dabei also um legitimierte Fehdehelfer.

Tatsächlich taucht bereits zwischen den Jahren 1394 und 1399 immer wieder der Kapitänsname „Storbiker", „Strotbeker" oder „Stertebeker" in solchen Schadensmeldungen auf. Auch auf einer Urkunde aus dem Jahr 1400 ist der Name belegt: „Darin beurkundet Graf Albrecht von Holland, dass er acht Schiffsführer in seine Dienste nimmt, darunter einen ‚Johan Stortebeker' sowie 114 Mann Besatzung." Diese sollen dem Grafen im Kampf gegen seine Feinde – darunter auch Hamburg – zur Unterstützung dienen. Es gibt allerdings auch scheinbar widersprüchliche Informationen: „Zur gleichen Zeit wird ein Danziger Kauffahrer mit dem Namen ‚Johann Stortebeker' erwähnt", merkt der Historiker an. Der Danziger Kaufmann Johann Störtebeker soll einerseits also Handel betrieben haben, andererseits als angeheuerter Kämpfer im Auftrag eines Grafen verfeindete Schiffe kapern? Das Entscheidende: Nach Kriegsende oder der Beendigung einer Fehde konnten diese Seesöldner wieder aus dem Dienst entlassen werden und als Kauffahrer weiterhin Handel treiben – oder als Söldner erneut angeheuert werden.

Historiker Dr. Gregor Rohmann, Professor für Regionalgeschichte an der Universität Rostock, forscht zu den „Vitalienbrüdern", der Geschichte der Hanse sowie weiteren Themen rund ums Mittelalter.

Somit lag das „Verbrechen" im Auge des Betrachters: Aus Sicht des Auftraggebers waren die Auslieger einfach nur unterstützende Söldner zur See, aus feindlicher Sicht waren diese die „bösen Piraten" – und das Narrativ nutzt Albert Kranz: Die angeheuerten Kämpfer hätten über die Stränge geschlagen und sich nicht mehr an die Spielregeln gehalten. „Als werdende Führungsmacht in der Hanse wollten die

Hamburger als diejenigen dastehen, die die große Gefahr beseitigt haben und gegen die ‚üblen Piraten' gewonnen haben. In der Frühen Neuzeit wird Störtebeker daher zum Staatsfeind Nummer eins stilisiert. Dadurch wird die Überlieferung zu einem wichtigen historischen Anknüpfungspunkt der Hamburger, auch für ihr Selbstverständnis als führende Stadt." Und Störtebekers Gegenspieler Simon von Utrecht sei es politisch geschickt angegangen: „Er hat sich in Hamburg einbürgern lassen und bezog somit eindeutig Position. Aber er betrieb das gleiche Geschäft – nur eben für die andere Seite. Am Ende wird er sogar Bürgermeister von Hamburg, obwohl er als angeheuerter Söldner in die Stadt gekommen war."

Dass der Kauffahrer und Seesöldner Störtebeker also bewusst „Freund und Feind" angreifen würde, war sehr unwahrscheinlich: „Ganz selten stößt man auf Akteure, die wirklich unkontrollierbar werden. Denn damit macht man sich ja wirklich *alle* zum Feind. Als echter ‚Outlaw' konnte man nicht über längere Zeit existieren." Klaus – oder vielmehr Johann – Störtebeker war also weder ein Pirat, der jeden angegriffen hätte, der ihm vor die Galionsfigur fuhr, noch kann er 1402 in Hamburg hingerichtet worden sein. Vielmehr wird er noch bis 1413 immer wieder in den Quellen erwähnt.

Was also bleibt von der Legende? Abgesehen davon, dass *der* Klaus Störtebeker wohl nie existiert und dessen vermeintliche Hinrichtung nie stattgefunden hat, scheinen sich die Quellen auf einen Danziger Kauffahrer namens Johann Störtebeker zu beziehen – der weder ein Outlaw noch ein Pirat war, der als „Gottes Freund und aller Welt Feind" gegolten hätte. Vielmehr handelt es sich bei dem Seefahrer um einen Geschäftsmann, der als (legitimer) Fehdehelfer zusätzlich Beute machte – eine Praxis, von der die Hanse gleichermaßen Gebrauch machte.

Und um letztlich ein weiteres Klischee aus Film und Fernsehen zu entlarven: Mit Kanonen wurde nur in seltenen Fällen aufeinander geschossen: Zu diesem Zeitpunkt hätten die Drehbassen zudem aus mehreren Einzelteilen bestanden, die zusammengeschmiedet wurden. „Um 1400 gab es überhaupt erst die ersten Feuerwaffen – und die wurden in der Praxis kaum verwendet. Auch die ‚Piraten' im 17. Jahrhundert in der Karibik tun das nicht – denn sie haben es auf das Schiff abgesehen und ein ökonomisches Interesse daran, es unversehrt zu erbeuten. Haben sie also ein kleines bisschen Geschäftssinn, dann werden sie das Schiff friedlich übernehmen." Friedlich heißt in dem Fall: durch Drohung oder Erpressung. War es navigatorisch also möglich, das anzugreifende Schiff einzuholen, standen der Crew von etwa einem Dutzend Männern eine oft 40 bis 50 Mann starke Kampfbesatzung gegenüber. Und die Verteidiger haben dann die Wahl: eine friedliche oder militärische Lösung. „Dann werden sich die Leute auf dem Handelsschiff nicht wehren – ganz einfach. Wenn es zu offener Gewalt kam, war etwas schiefgegangen", verdeutlicht der Historiker. Zum Inspizieren und Entladen der Ware zwangen sie die andere Mannschaft an Land zu folgen, in einen Hafen oder eine Bucht.

Beim Kapern der Schiffe stellten sich die beiden Schiffskapitäne übrigens aus geringer Distanz vor: „Falls es später zu Schadensersatzklagen kommen sollte, waren alle Namen bekannt", merkt Gregor Rohmann an. Wollte der Auslieger als legitimer Akteur im Spiel bleiben, gab er sich demnach zu erkennen, so auch Störtebeker und seine Männer. „Wie sich die Leute zu erkennen gaben, wissen wir allerdings nicht", ergänzt der Historiker. Die spärlich überlieferten Parolen würden sich vielmehr auf die Herkunft beziehen – und weniger auf den Namen.

Spuren in der Stadt

Spuren des vermeintlichen Piraten finden sich überall in der Hansestadt: Bekannt ist vor allem das Störtebeker-Denkmal in der HafenCity gegenüber dem Maritimen Museum Hamburg. Die Statue zeigt den gefesselten Freibeuter und befindet sich in der Nähe des Ortes, wo er im Jahr 1401 hingerichtet worden sein soll.

Wilhelm Timm,

Drechsler-Gesell, 19½ Jahr alt, Hamburger von Geburt, ist als Thäte
7ten Mai 1854 an der hochbetagten Wwe **Jacob** und deren Toch
übten schrecklichen Doppel-Mordes im Breitengange entlar
Lediglich hat die Habsucht diesen so blutjungen Menschen zu
That verleitet, die in der Geschichte Hamburgs gewiſs al
einzelnt darstehn mögte.

Doppelmord

Für einhundert Mark Beute

Mit Hammer und Messer hat Wilhelm Timm am 7. Mai 1854 zwei Frauen kaltblütig getötet.

Hof im Breitengang,
8. Mai 1854

Noch bevor er in den Hof einbog, hörte er aufgeregte Stimmen. Vor dem Haus mit der-Nummer 4 hatte sich eine kleine Menschentraube versammelt, die der Konstabler, der den Eingang versperrte, nur mit Mühe zurückhalten konnte. „Aus dem Weg“, brüllte der Polizeimeister und schubste einige Menschen beiseite, die keinen Platz machen wollten. Mit einer schnellen Handbewegung deutete er einem seiner beiden Begleiter an, den Konstabler zu unterstützen, während der andere ihm ins Haus folgte.

„Was für eine Sauerei“, murmelte er, als er den blutverschmierten Boden sah. Nicht nur hatten die vielen Schaulustigen das Blut verschmiert, sondern dabei auch für Unordnung gesorgt. Mitten im Zimmer lag das ältere der beiden Opfer, dem scheinbar mit einem dumpfen Gegenstand hart auf den Schädel gehauen und anschließend die Kehle durchschnitten worden war. Es handelte sich mit aller Wahrscheinlichkeit um die Mutter, wie es der Konstabler, der zuerst am Tatort eingetroffen war, in Erfahrung bringen konnte. Neben der Leiche lag eine weitere Tote, vermutlich die Tochter, die ebenfalls eine Kopfwunde sowie einige Stichwunden aufwies.

Der Polizeimeister hatte Schwierigkeiten, sich zu konzentrieren. Lautstarke Beschwerderufe drangen vom Eingang zu ihm, und die Konstabler – obwohl nun zu zweit – hatten Schwierigkeiten, die Meute zu beruhigen. „Die beiden Opfer betrieben eine Wäscherei", sagte sein Begleiter, der mit ungeschickten Bewegungen durch den Raum schritt, um nicht in Blut zu treten. Er versuchte die Bemerkung über den mehr als offensichtlichen Umstand – überall im Raum lagen Waschutensilien – zu ignorieren und musterte das Zimmer. Es schien alles mehr oder weniger an seinem Platz zu sein. Die beiden Tatwaffen, ein Hammer und ein Messer, hatte der zuerst eingetroffene Konstabler bereits in ein Tuch eingewickelt und beiseitegelegt.

„Hier unter dem Schrank liegt ein Hemd", brüllte sein Begleiter und zog es hervor. Der Kommissar seufzte. Ein dreckiges Hemd in einer Wäscherei – das klang für ihn nicht sehr ungewöhnlich. Sonderbar kam ihm allerdings vor, dass viele Wertgegenstände zurückgelassen wurden. Ein Raubmord kam für ihn nicht infrage. Ein wütender Nachbar also? Oder ein Familienzwist, der eskaliert war? Den letzten Gedanken verwarf er sofort wieder. Wenn es ein hitziger Streit gewesen wäre, hätten die beiden Frauen im Eifer des Gefechts wohl eher Gegenstände benutzt, die in unmittelbarer Nähe lagen. Ein Hammer zählte in einer Wäscherei nicht zu diesen Objekten. Für den Polizeimeister war somit klar: Sobald sie den Besitzer von Hammer und Messer ausfindig machen würden, ließe sich auch der Täter finden.

Es ist ein Drechslermeister, der im Stadthaus die dort ausgestellten Tatwaffen sowie das blutverschmierte Hemd wiedererkennt und sie seinem neunzehnjährigen Gesellen Johann Arnold Wilhelm Timm zuschreiben kann, der kurz nach seiner Festnahme gesteht: Etwa gegen 21 Uhr begab sich Timm sich mit Messer, Hammer, Kneifzange und Hemd aus der Drechsler-Werkstatt zum Nachbarhaus der Wäscherin Anna Catharina Jacob und deren Tochter Johanna Wilhelmine, wo er sich unter dem Vorwand, das Hemd waschen lassen zu wollen, Zutritt verschaffte. „Kaum war Timm im Haus, schlug er der zweiundsiebzigjährigen Witwe von hinten mit dem Hammer auf den Kopf, um ihr darauf mit dem Messer die Kehle durchzuschneiden", beschreibt Jürgen Martschukat in *Inszeniertes Töten* den weiteren Tathergang. Die wegen der Geräusche herbeigeeilte vierundvierzigjährige Tochter tötete er nach einem kurzen Kampf ebenfalls, warf danach das blutverschmierte Hemd unter einen Schrank, stahl 100 Mark und verließ das Haus.

Das Interesse an dem Fall ist in der Bevölkerung ausgesprochen groß. Nicht nur finden sich nach der Tat viele Schaulustige am Ort des Geschehens ein, sondern lechzen die Menschen geradezu nach Einzelheiten über den grausamen Doppelmord: Scheußliche Details – wie „zersprengte Schädel" – fesseln das Publikum. Fast täglich hätten die Zeitungen Lesestoff über den „geheimnisvollen Doppelmord" und das „grauenhafte Schauspiel" geliefert, schildert Martschukat die damalige Situation. Aus diesem Grund verkündet der *Hamburger Correspondent* in einer Ausgabe vom 13. Juni 1854, dass er künftig zu dieser Sache schweigen werde. Die Zeitungen würden so detailgetreue Beschreibungen anführen, schreibt das Nachrichtenblatt, „daß man glauben könnte, sie wären bei deren Vollzug zugegen gewesen". Hinzu kämen die vielen „vagen und gänzlich haltlosen Gerüchte", die „gierig gelesen" würden.

Schnell werden in der Stadt die Rufe nach Vergeltung laut. Zu diesem Zeitpunkt wurde die Todesstrafe allerdings seit mehr als dreißig Jahren nicht mehr angewendet – und die rechtliche Lage ist unklar, denn bereits im November 1843 war eine Deputation ins Leben gerufen worden, um das Justizwesen zu reformieren und ein neues Kriminalgesetzbuch zu entwerfen. Debattiert wurde in diesem Kontext auch über die Todesstrafe. Einerseits, ob sie überhaupt noch angewendet werden sollte, andererseits, wie und in welchem Rahmen sie durchgeführt werden könnte.

Als Wilhelm Timm angeklagt wird, existiert das neue Strafgesetzbuch noch nicht. Die Zeit drängt – und die Kommission arbeitet zielstrebig an einer Lösung. Es fällt der Beschluss, dass die Todesstrafe weiterhin bestehen soll. Nur der berühmte Rechtsanwalt und Schriftsteller Carl Trummer, Autor des Buchs *Vorträge über Tortur, Hexenverfolgungen, Vehmgerichte und andere merkwürdige Erscheinungen in der Hamburgischen Rechtsgeschichte*, hat Einwände: „Trummer war das einzige Mitglied der Kommission, das sich bedingungslos gegen die Todesstrafe als Teil eines reformierten Kriminalgesetzbuches aussprach", schreibt Martschukat. Doch es bleibt bei der Entscheidung. Allerdings soll von nun an eine neue Hinrichtungsart erfolgen und nur vor ausgewählten Zeugen stattfinden – und nicht wie bisher zum öffentlichen Spektakel werden. Die neue Methode garantiert „Sicherheit, Sauberkeit und Schnelligkeit".

Die besagte Vorrichtung wird am 23. Januar 1855 aufgebaut und zunächst an einer Leiche getestet. Der Sensationslust der Bevölkerung tut dies keinen Abbruch, denn die Menschen versuchen, einen Blick auf die neue Apparatur zu erhaschen. Bald schon sollte das Hinrichtungsinstrument an einem lebenden Menschen zum Einsatz kommen, denn Wilhelm Timm wird zum Tode verurteilt. Am frühen Morgen des 10. April 1856 betritt er den Gefängnishof, sieben Pflichtzeugen sind bei der Exekution zugegen. Unter der Überschrift „Timm's Kopf" berichtet das lokale Nachrichtenblatt *Die Reform* schauderhafte Details von der Hinrichtung und befriedigt die schaulustige Meute, die unbedingt mehr über das mechanische Fallbeil – die Guillotine – erfahren möchte …

Spuren in der Stadt

In einer Wäscherei im Hof des Breitengangs 4 in der Neustadt fand der Doppelmord statt.

crimen falsi

Das gute alte Recht

Der Barbarossa-Freibrief ermöglichte - unter anderem - eine Befreiung von Zoll und Ungeld auf der Elbe, von der Mündung bis nach Hamburg.

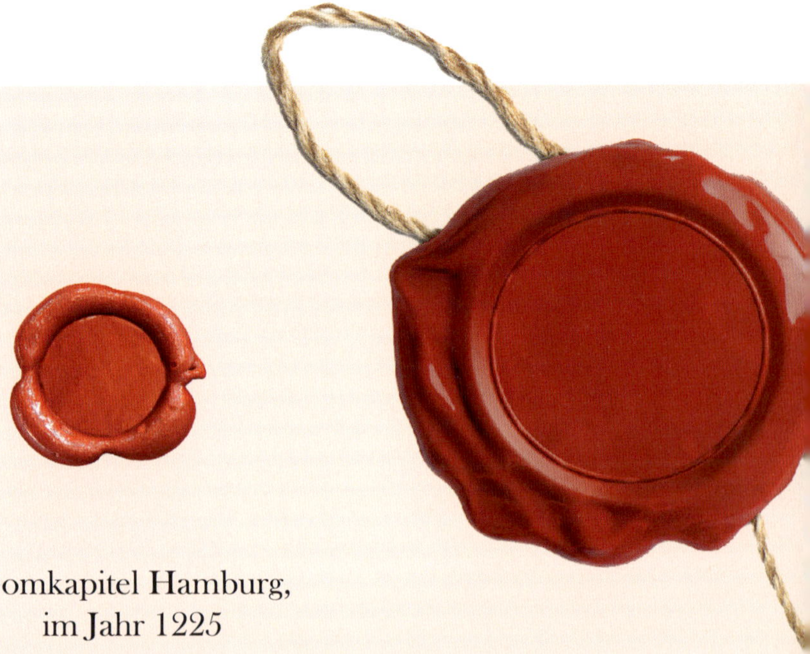

Domkapitel Hamburg, im Jahr 1225

Der Geistliche legte das Schriftstück auf den schweren Eichentisch. Vorsichtig beugten sich die beiden anderen Männer darüber und studierten das Geschriebene, ohne dessen Inhalt zu verstehen. „Darin steht alles wie besprochen?“, wendete sich der Kleinere der beiden dem Ordensbruder zu. Im flatternden Schatten des Kerzenlichts wirkten die Augen des Ratsherrn noch ernster als sonst. „Auch die beiden Zusätze?“, schob er hinterher und ließ sein Gegenüber nicht zu Wort kommen. Der Geistliche nickte erneut, doch er konnte die Zweifel der Ratsmänner spüren. In geschickten Bewegungen faltete er seine ausladenden Ärmel nach hinten und beugte sich über das Pergament. „Es beginnt mit der Zollfreiheit“, erklärte er in ruhigen Worten und flog mit den Fingern über die Zeilen, ständig darauf bedacht, das Papier und die sorgfältig niedergeschriebenen Worte nicht zu berühren. „Hier folgt das Fischereirecht und das Verbot zum Bau der Burgen“, fuhr er fort. „Und an dieser Stelle ...“, setzte er an, als hinter ihnen

unvermittelt ein lautes Knarzen zu vernehmen war. Blitzschnell drehten sich alle drei Männer um, doch es war zu spät: Der Mann war bereits eingetreten.

Als sie feststellten, dass der Eingetretene ein Ordensbruder war, wich die Aufregung einer großen Erleichterung. In seinen Händen trug er das kleine Päckchen, auf das die Männer gewartet hatten. Es dauerte einen Moment, bis sie sich die Ratsmänner aus ihrer ehrfürchtigen Starre lösen konnten. Mit angehaltenem Atem beobachteten sie, wie der Geistliche den Stoff aufschlug und das kleine Objekt hervorholte, dessen Beschaffung den Männern viel Zeit, Mühe und Geld gekostet hatte. Warmes Kerzenlicht offenbarte das Erhoffte: Die Qualität war hervorragend. Die Nachbildung entsprach dem gängigen Siegel bis aufs letzte Detail. Nun war es also so weit. Der Freibrief konnte den Widersachern vorgelegt werden und sollte den Streit um den Zoll endgültig klären – zugunsten der Hansestadt, allen voran dem Rat und dem Domkapitel.

Acht Jahrhunderte nach Anfertigung des berühmten „Barbarossa-Freibriefs“ befindet sich dieses noch immer in Hamburg, sicher verwahrt im Staatsarchiv. Schließlich ist das von Friedrich I. – genannt Barbarossa – ausgestellte Dokument aus dem Jahr 1189 eines der bedeutendsten Schriftstücke aus der Geschichte der Hansestadt: „Das Privileg enthält eine Befreiung von Zoll und Ungeld auf der Elbe, von der Mündung bis nach Hamburg“, erklärt Dr. Udo Schäfer, Leiter des Hamburger Staatsarchivs. „Wenn also Kaufleute, die hamburgische oder fremde Schiffe mit ihren Waren beladen haben, die Elbe hinauffahren, müssen sie an keiner Stelle Zoll oder Ungeld leisten. Weder an den Erzbischof von Bremen am westlichen Ufer oder an die Grafen von Holstein am östlichen Ufer.“ Außerdem werden den Hamburgern in dem Schriftstück Fischereirechte auf der Elbe und Bille eingeräumt, und im Umkreis von zwei Meilen – nach dem damaligen Maß umgerechnet auf heutige Maßstäbe etwa 15 Kilometer – um die Stadt Hamburg darf kein Landesherr eine Burg errichten. „Es gibt noch mehr Bestimmungen, aber das sind die wesentlichen Rechte, die in dieser Urkunde enthalten sind“, erklärt der Historiker. Das Problem: Im vergangenen Jahrhundert hatten Wissenschaftler das Dokument genauer untersucht und gravierende Unstimmigkeiten aufgedeckt. Konnte es also sein, dass es sich bei dem Freibrief, datiert in das Jahr 1189, um eine Fälschung handelt – oder warum passen Schrift, Siegel und Inhalt nicht zueinander?

Mit dem „Barbarossa-Freibrief“ erhielt Hamburg weitreichende Privilegien und Rechte. Doch handelt es sich dabei um eine Fälschung?

„Die geschriebene Sprache ist Mittellatein, wie es für Urkunden bis zur Mitte des 13. Jahrhunderts üblich war. Erst danach wurden diese in der Volkssprache erstellt, wie hier im Norden in Mittelniederdeutsch", erklärt Udo Schäfer. Allerdings zeigt eine genaue Analyse der Schriftart, dass die Form des Buchstaben „S", die an einen Schraubendreher erinnert, sowie die kastenartige Ausbildung des „a" und „d" zum gotischen Schriftbild der ersten Hälfte des 13. Jahrhunderts passt – und nicht in den Zeitraum um das Jahr 1189, aus der das Privileg angeblich stammt. „Außerdem ist die Schrift nicht in der diplomatischen Minuskel ausgeführt wie es in Königsurkunden zu erwarten wäre: Beispielsweise fehlen die in der ersten Zeile hochgezogenen Buchstaben." Zudem sei das Pergament für ein Kaiserdiplom viel zu ungleichmäßig beschnitten und weise nicht die Formalia einer feierlichen Urkunde auf.

Dr. Udo Schäfer ist Amtsleiter des Staatsarchivs Hamburg und beschäftigt sich als promovierter Historiker und studierter Jurist neben seinen archivarischen Aufgaben mit rechtsgeschichtlichen Forschungsfragen.

Eine weitere Unstimmigkeit besteht darin, dass die angeführte Zeugenliste die ständische Ordnung missachtet. „Die ersten beiden genannten Zeugen sind rechtlich unfreie Dienstmannen, also Ministerialen. Und diese werden vor den letzten beiden Zeugen – den Hochadeligen – genannt. Zwar sind diese Personen im Umfeld von Barbarossas bezeugt, doch die übliche Reihenfolge wäre umgekehrt", fährt der Leiter des Staatsarchivs fort. Zudem sei die Liste mit nur vier Zeugen für eine Kaiserurkunde sehr dürftig: Gewichtige Personen wie Erzbischöfe, Bischöfe, Herzöge und Markgrafen würden auf der Zeugenliste fehlen.

Darüber hinaus gebe es noch einen weiteren Hinweis: „Das Siegel des Schriftstücks ist nicht das von Barbarossa, sondern das seines Enkels Kaiser Friedrich II.“ Der Siegelstempel oder Typar, das die Abbildung des Kaisers mit Inschrift „König von Jerusalem“ zeigt – ein Titel, den Friedrich II. trug –, habe der Regent zwischen den Jahren 1226 und seinem Todesjahr 1250 verwendet. „Es handelt sich dabei nicht um das Original der kaiserlichen Kanzlei, sondern offenbar um die Nachbildung eines Typar von einem Wachssiegel-Abdruck“, merkt der Hamburger an.

Das Besondere am „Barbarossa-Freibrief“ ist zudem, dass es das vermeintliche *Original* des Kaisers darstellt, ausgestellt am 7. Mai 1189. Denn aus späterer Zeit existieren Bestätigungen dieser Privilegien: Im Jahr 1190 beispielsweise anerkennt Graf Adolf III. von Holstein diese Rechte in knapperer Form. Auf dieses Schriftstück bezieht sich Graf Adolf IV. im Jahr 1225, auf dessen Basis wiederum eine ganze Urkundenserie entsteht. Wenn aber nun das vermeintliche Original aus dem Jahr 1189 eine Fälschung sein würde, stellt sich die Frage: Hat der Kaiser diese Rechte überhaupt jemals eingeräumt? Und wie kam es zu so einer sorglos ausgeführten Fälschung, die offensichtliche Mängel in Schrift, Siegel und Zeugenliste aufweist – und warum?

Udo Schäfer, der sich als promovierter Historiker und studierter Jurist immer wieder mit dem mittelalterlichen Recht beschäftigt, versucht Licht ins Dunkel zu bringen: „Zu dem Thema gibt es zwei grundlegende Meinungen. Der Erste, der sich eingehend damit beschäftigt hat, war der ehemalige Leiter des Staatsarchivs Heinrich Reincke – eine aufgrund ihrer NS-Vergangenheit problematische Persönlichkeit. Allerdings gehörte er zu den Kennern der älteren Überlieferungen Hamburgs. Reincke hat 1951 zum ersten Mal darauf hingewiesen, dass die Urkunde – so wie sie vorliegt – eine Fälschung ist“, fährt er fort. „Er ging davon aus, dass sich das Schriftstück auf ein formloses Mandat beruft: Da sich Kaiser Barbarossa auf dem Weg ins Heilige Land befunden habe, habe es keine Zeit für ein ausführliches Diplom gegeben. So hätten die Abgesandten

„Reincke hat 1951 zum ersten Mal darauf hingewiesen, dass die Urkunde – so wie sie vorliegt – eine Fälschung ist.“

der Stadt nur eine formlose flüchtige Notiz aus der kaiserlichen Kanzlei davongetragen, die durch Barbarossa nicht bestätigt werden konnte – denn der Kaiser ließ im Juni 1190 sein Leben." Entsprechend hätte es durchaus ein Original gegeben, in dem Friedrich Barbarossa den Hamburgern die Privilegien bewilligte. Allerdings, so vermutet Reincke, hätten die Schreiberlinge bei der späten Ausfertigung zwei Stellen „hinzugedichtet". Seine These: Das Schriftstück sei zwischen 1264 und 1266 durch den Hamburgischen Ratsschreiber Jordan von Boizenburg erstellt worden, auf Grundlage der flüchtigen Notiz vom 7. Mai 1189 – allerdings mit zwei Zusätzen zu den Handelswegen. „Zu dem Zeitpunkt gab es einen Streit zwischen Hamburg und dem Erzstift Bremen über die Zollerhebung in Stade, einer Stadt des Erzstifts. Dort sollte Zoll erhoben werden, weswegen sich die Hamburger darauf beriefen, dass sie vollständig von Zoll und Ungeld befreit sind. Es ging vor allem um die Frage, was mit nicht-hamburgischen Frachtern sei. Und die Urkunde, so die Argumentation von Reincke, sollte belegen, dass genau diese Konfliktsituation geregelt ist."

Das wertvolle Dokument ist nach seinem vermeintlichen Unterzeichner, dem Stauferkönig Friedrich I. Barbarossa, benannt, der dargestellt mit Reichsapfel und Zepter zwischen seinen Söhnen thront.

Anderer Meinung war Historiker Gerhard Theuerkauf: „Er geht gar nicht davon aus, dass Barbarossa tatsächlich jemals eine Bewilligung dieser Regelungen gegenüber Hamburg getroffen hat", erklärt Udo Schäfer. „Er verdächtigt neben den Mitgliedern des Stadtrats auch das Domkapitel. Möglicherweise hätte es dort einen Schreiber gegeben, der in der Lage war, eine Urkunde dergestalt aufzusetzen." Denn Theuerkauf vermutet, dass die Fälschung aus dem Jahr 1225/26 stammt – bevor der Ratsschreiber Jordan von Boizenburg tätig war – und somit diese Kompetenzen im Rat gefehlt hätten. „Geistliche aus dem Domkapitel hingegen konnten eher Latein schreiben", erklärt Schäfer. Das würde auch die Unstimmigkeiten bei der Zeugenreihe erklären: Der Schreiber hatte möglicherweise keine genaue Vorstellung über den Aufbau einer Kaiserurkunde und kannte nur die kurzen Zeugenreihe aus Urkunden nichtköniglicher Landesherren oder Fürsten.

Waren die Ratsherren und die Geistlichen aus dem Domkapitel also schlichtweg Fälscher? „Mit dem Begriff der Fälschung muss vorsichtig umgegangen werden", schränkt der Rechtshistoriker ein. „Ich habe den Barbarossa-Freibrief nie mit kriminellen Machenschaften in Verbindung gebracht, obwohl es im gelehrten Recht durchaus das *crimen falsi* gibt, das Verbrechen der Fälschung. Aber: Fälschungen in dieser Zeit sind keine Seltenheit. Häufig wurden sie benutzt, um sich auf Rechtsgewohnheiten zu berufen, beispielsweise gegenüber dem Landesherrn. Man hat das, was rechtens sei, weil man es die ganze Zeit schon gelebt hat, in einer Urkunde niedergeschrieben. Diese ‚Fälschung' berief sich also auf Rechte, die der Kaiser – oder ein anderer Territorialherr – irgendwann einmal bewilligt oder stillschweigend geduldet hatte." Zwar habe das gelehrte Recht, das seit dem 13. Jahrhundert auch in Deutschland nördlich der Alpen rezipiert worden sei, diese Praxis als Verbrechen betrachtet. Als moderner Historiker jedoch sehe man die Situation differenzierter als ein mittelalterlicher Rechtsgelehrter. Bestätigungen seien nichts Ungewöhnliches, um beispielsweise dem Verlust durch Feuerschäden vorzubeugen. Bei diesem Vorgang hätten die Schreiber dann Gelegenheit gehabt, den einen oder anderen Zusatz einzubinden …

„Ich habe den Barbarossa-Freibrief nie mit kriminellen Machenschaften in Verbindung gebracht."

Warum aber sollte Hamburg *überhaupt kein* Privileg besessen haben – und es später komplett rekonstruiert haben? „Im Jahr 1188 lässt sich Lübeck eine entsprechende Urkunde ausstellen, Bremen bereits 1186. Was die Lübecker Urkunde betrifft, wurde zwar eine gefälschte Barbarossa-Urkunde seinem Enkel zur Bestätigung vorgelegt, doch belegt ist, dass es zuvor tatsächlich ein entsprechendes Privileg des Kaisers gegeben hat", erklärt der Leiter des Staatsarchivs. „Es war eine unsichere Zeit, in der auch Heinrich der Löwe Ansprüche erhoben hat und militärisch präsent war. Es spricht also manches dafür, dass sich alle drei Städte die Privilegien des Kaisers verschafft haben", mutmaßt der Historiker und schränkt ein, dass seine Überlegungen bisher nicht wissenschaftlich belegt seien.

Es bleibt also ungewiss, ob es sich um eine komplette Fälschung handelt und Kaiser Barbarossa niemals diese Privilegien eingeräumt hat – oder ob es sich um eine Bestätigung des „guten alten Rechts" handelt, bei dem möglicherweise ein paar Passagen ergänzt wurden. Da solche „Fälschungen" in jener Zeit nichts Ungewöhnliches waren, merkt Dr. Udo Schäfer an, sei es allerdings sehr unwahrscheinlich, dass sich Ratsmänner und Geistliche des Domkapitels heimlich zu später Stunde zum Komplott getroffen hätten …

Spuren in der Stadt

Während das Barbarossa-Privileg im Staatsarchiv Hamburg aufbewahrt und nur bei besonderen Anlässen zur Schau gestellt wird, ziert eine Bronzefigur des Kaisers Friedrich I. „Barbarossa" die Brooksbrücke, die von der Altstadt zur HafenCity führt.

Nachtwächter

Lichtscheues Gesindel und Trunkenbolde

Im historischen Gewand mit
Hellebarde, Horn und Laterne
führt Ingo Vierk durch die Stadt.

Im Kirchspiel St. Nikolai, 5. Mai 1842

Vorsichtig spähte er um die Häuserecke. Der abnehmende Mond schenkte in dieser Nacht kein Licht, nur das sanfte Flackern der Öllampen ließ hier und dort Schatten in den engen Gassen vermuten. Mit schnellen Schritten hastete er auf die gegenüberliegende Seite in eine schmale Quergasse. Bald wäre er am Ziel – und es musste einfach funktionieren, schließlich hatte sein Plan bisher reibungslos geklappt: Nachdem der Kaufmann letzte Woche im Suff geprahlt hatte, um wie viel Mark er sich bei seinem letzten Geschäft bereichern konnte, hatte er den Einbruch in dieser Nacht gewagt, da weder der Händler noch seine Frau in der Stadt waren. Mit Leichtigkeit war es ihm gelungen, in das Haus einzusteigen und den Geldschrank aufzubrechen.

Das fahle Licht an der nächsten Häuserecke half ihm, seinen Weg zu finden, und er schlich weiter durch die enge Gasse. „Verdammt!", zischte er. Beißender Geruch stieg ihm in die Nase, während warme Feuchtigkeit in seinen

Schuh drang. Er war mehr als willig, diesen Preis zu zahlen, auch wenn der Unrat, – dem widerwärtigen Gestank zu urteilen –, erst vor wenigen Minuten auf die Gasse geleert worden sein konnte. Er presste sich gegen die Hauswand und versuchte, ruhig zu atmen. Fast geschafft, ermahnte er sich und wehrte sich gegen den aufsteigenden Drang, seine Schuhe abzustreifen. Der Nachtwächter könnte ihm allerdings noch zum Problem werden, denn die nächste Ecke würde die gefährlichste Stelle werden. Zu hell beleuchtet war die breite Straße, die er überqueren musste, und für einige Sekunden wäre er dann für jedermanns Augen sichtbar – und dem Nachtwächter das Säckchen voll Geld zu erklären, würde ihn in schwere Erklärungsnot bringen.

Im Schatten der Gasse wartete er darauf, dass der Nachtwächter bei seiner üblichen Runde an ihm vorbeigehen würde. Oder sollte er es besser jetzt gleich wagen? Würde er zu lange warten, könnte er von Nachbarn entdeckt werden. Aufgeregtes Stimmengewirr aus der Ferne riss ihn aus seinem Gedankengang. *Verdammt!* Irgendwie mussten sie den Diebstahl bemerkt haben. Kopflos stürmte er los. Just in diesem Moment bog der Nachtwächter um die Ecke, blieb kurz stehen und rannte dem Dieb sofort entgegen. In Windeseile überschlug er seine Optionen. Wegrennen? Bestechen? Er entschied sich gegen eine Flucht. Im Gespräch könnte er sich vielleicht rausreden, einen Bestechungsversuch wagen. Doch dann geschah, was er für unmöglich gehalten hatte: Der Nachtwächter ignorierte ihn und stürmte vorbei, ohne ihn eines Blickes zu würdigen. Nun drangen die Rufe auch zu ihm vor: „Füer, Füer, Füer!“, schrien die Menschen.

Während der angeführte Diebstahl in dieser Nacht zwar der Fantasie entsprungen ist, zählt der „Große Brand“ zu einem der folgenreichsten Ereignisse der Hamburger Geschichte: Es ist etwa eine Stunde nach Mitternacht, als am 5. Mai 1842 in der Deichstraße beim Zigarrenmacher Eduard Cohen ein Feuer ausbricht. „Bis heute ist nicht geklärt, wie es dazu kam. Da allerdings jedes Haus ein eigenes Braurecht besaß und das feuchte Malz dort auf Weidenholzgeflechten über dem offenen Feuer getrocknet wurde, kam es wahrscheinlich zum Funkenflug. Es ist denkbar, dass sich die leicht brennbaren Materialien im Speicher Cohens dadurch entzündet haben“, erklärt Gästeführer Ingo Vierk. Ganze vier Tage wird es brennen, ein Viertel des damaligen Stadtgebietes samt 1.700 Häusern verzehren, darunter drei Kirchen, das Rathaus, das Archiv sowie weitere Einrichtungen. Am Ende kosten die Flammen über fünfzig Menschen das Leben und lassen rund 20.000 Bewohner obdachlos werden. Eine schwere Verfehlung der Nachtwächter, die – ihrer wahrscheinlich wichtigsten – Pflicht nicht nachgekommen sind?

Dort, wo der „Großer Brand“ einst ausgebrochen war, beginnt Ingo Vierks Nachtwächter-Tour, der zu dem Thema viel recherchiert hat: „Zu ihren Aufgaben gehörte es, auf Feuer zu achten, die Zeit ausrufen, die Stadttore zu verschließen und generell für Ruhe und Ordnung zu sorgen.“ Doch obwohl die Nachtwächter eine derart wichtige Funktion gehabt hätten, sei ihr gesellschaftliches Ansehen gering gewesen. „Sie standen in der Hierarchie an dritter Stelle – allerdings von unten. Schlechter gestellt waren nur die Scharfrichter und Totengräber.“ Zudem sollen sie, so die allgemeine Meinung, die Zeitansage ständig durcheinandergebracht oder verpasst haben, wenn sie nicht ein Schläfchen hielten oder billigem Fusel ihre Aufmerksamkeit schenkten. „Zudem war die Entlohnung katastrophal“, fährt der Gästeführer fort. „Nachtwächter haben von der Stadt ein sogenanntes Kerzengeld bekommen, wenn sie nachts lichtscheues Gesindel, Trunkenbolde oder unbedarfte Bürger festnahmen. In Hamburg wurden deshalb auch gerne Fremde geschnappt, die eigentlich gar nichts gemacht haben, um so von der Stadt ein Entgelt für ihre Wachsamkeit zu erhalten. Das wenige Geld, das sie dafür erhielten, wurde dann meist schnell in den Schankstuben umgesetzt.“

Auch wenn sie keine Verbrecher jagten, sorgten die Nachtwächter dennoch für Sicherheit und Ordnung auf den Straßen Hamburgs, zumindest während der dunklen Stunden. Sie gebieten in dieser Zeit Dieben und anderen zwielichtigen Gestalten mit unlauteren Absichten Einhalt, die sich gerne im Schutz der Nacht durch die Stadt bewegten – und zu dieser Zeit verfügte Hamburg nur über wenige mit Öl oder Tran gefüllten Laternen. Um das Jahr 1800 sind etwa 1.500 solcher Lichtquellen im Stadtgebiet belegt. Entsprechend dunkel war es in der Nacht am 5. Mai 1842, wenige Tage vor Neumond, als das Feuer in der Deichstraße ausbricht.

Waren die Nachtwächter also tatsächlich ihrem schlechten Ruf gerecht geworden? „Ganz im Gegenteil", widerspricht Ingo Vierk. „Die Nachtwächter haben den Brand schnell entdeckt, und es dauerte nicht lange, bis die Kirchenglocken Sturm läuteten." Das Problem war vielmehr, dass alle Löschversuche am Haus umsonst geblieben waren. Wochenlange Trockenheit und starke Winde in Kombination mit dichter Bebauung, Fachwerkhäusern und vollen Speichern führten dazu, dass die Flammen schnell auf andere Gebäude überschlugen.

Der nachfolgende Wiederaufbau der Stadt wird allerdings als Chance genutzt: Hamburg erhält eine Kanalisation, und Gaslaternen werden in großer Zahl installiert. Der Siegeszug der neuen Lichtquelle war nicht aufzuhalten: „Im Jahr 1846 versorgten bereits viele Gaslaternen die Hamburger Innenstadt mit Licht." Im Jahr 1870 seien es etwa 9.000 Stück gewesen – mehr als in jeder anderen Stadt Europas während dieser Zeit. „So ging es dem lichtscheuen Gesindel immer mehr an den Kragen, weil sie sich nicht mehr so durch die beleuchtete Stadt bewegen konnten, wie sie es gewohnt waren." Doch wurde so auch das Ende der nächtlichen Aufpasser eingeläutet: Ab dem Jahr 1852 stellte die Stadt keine Nachtwächter mehr ein.

Spuren in der Stadt

Beim Zigarrenmacher Eduard Cohen in der Deichstraße 42 ist 1842 der Große Brand ausgebrochen.

Homo natus de muliere
Breui viuens
Statutum est
omnibus
hominibus
semel mori
putredo in exortu
pallida mors pulsat æquo
pauperum Regumque
Scio quia morti trades me, ubi
Miserrima Hominis conditio
Abyssus tenebrosa, terra misera
Vas sterquilinij concha putredinis
plenus fœtore et horrore
LE PREMIER
Figmentorum complementum

Tod und Teufel

... und ein Engel ohne Ohren

Das Leben ist vergänglich und wir nur Gäste auf Zeit, wie das Stillleben des flämischen Malers Christian Luyckx aus der Mitte des 17. Jahrhunderts ermahnt.

Außerhalb der Stadtmauern, um das Jahr 1660

Mit rasendem Herzen saß er in seinem Bett. Noch immer wagte er es nicht, die Augen zu öffnen. Stattdessen lauschte er angestrengt in die Nacht. Nur das laute Pochen seines Herzens und der Wind, der durch die Bäume vor seinem Fenster strich, war zu hören. Nach einigen Sekunden fasste er seinen Mut beisammen und blinzelte schnell. Das Schlafzimmer war leer. Nun öffnete er beide Augen und sah sich im Zimmer um. War es ein Traum gewesen? Er strich sich die Haare aus dem Gesicht und schaute nach draußen. Mondlicht erhellte den Pfad vor seinem Grundstück und der Fluss am Ende der Wiese glitzerte sanft. Moment - stand unter einem der Bäume eine Gestalt? Schnell zog er sich zurück, schloss die Augen erneut und wartete ab. Nach einigen Minuten wagte er einen zweiten Blick aus dem Fenster. Nein, da war keine Gestalt. Mit einem tiefen Atemzug setzte er sich auf die Bettkante und versuchte sich zu erinnern, was geschehen war. Die Bilder überschlugen sich in seinem Kopf, und er musste mehrmals in seinem Zimmer auf und abgehen, um sich zu beruhigen. Nun schaute er ein drittes Mal aus dem Fenster und beschloss, das Fenster einen Spalt zu öffnen. Die frische Luft ließ ihn wieder klar denken. *Natürlich, ich habe geträumt. Ein Albtraum gewiss, aber dennoch ein Traum.* Mit diesem Wissen legte er sich wieder zu Bett und schlief rasch ein. Am nächsten Morgen stellte er mit Entsetzen fest, dass er falschgelegen hatte. Es war kein Traum gewesen.

Auf einem Gehöft außerhalb der Stadtmauern stellt in den frühen Morgenstunden ein Mann mit Schrecken fest: Wie viele andere Opfer wurde er ausgeraubt. In Hamburg kommt es Anfang des 20. Jahrhunderts zu vielen nächtlichen Einbrüchen, vor allem entlegene Höfe trifft es, aber auch in der Stadt sind Fälle bekannt. Doch es dauert, bis klar wird, dass es einen Zusammenhang zwischen den Verbrechen gibt. Denn erst als bekannt wird, dass alle Opfer dasselbe nächtliche Erlebnis teilen, kommen sie den Einbrechern auf die Spur.

Krimi-Fan Sven Klieme liebt die Stadt und ihre Geschichten. Mit seiner Tour „Schauriges Hamburg“ bringt er dem Publikum Hexen, Geister und Dämonen in der Hansestadt näher.

„Die Opfer wurden nachts von einer Gestalt geweckt, die aussah wie der Schnitter“, schildert Gästeführer Sven Klieme das Vorgehen der Täter. In der einen Hand habe der Maskierte das Stundenglas, in der anderen die Sense gehalten und drohende Worte an die aus dem Schlaf gerissenen gerichtet: „Ich bin der Tod, ausgesandt, um dich heimzuholen von der Erde, bete ein Vaterunser, dann gnade dir Gott, du musst mit“, zitiert „Stadtspürer“ den überlieferten Inhalt. Die Opfer, vollkommen von der Erscheinung verängstigt, erleben anschließend eine weitere unheimliche Begegnung. „Danach erschien der leibhafte Teufel und teilte den Erschreckten mit, dass er hier sei, um deren sündige Seele in die Hölle zu bringen.“ Und bevor die Opfer überhaupt Gelegenheit hätten, zu sich zu kommen, taucht eine dritte Gestalt auf: ein schöner, weißer Engel. Dieser spricht zu ihnen und verkündet, dass er vom Himmel gesandt sei, um sie von Tod und Teufel zu retten. „Doch dafür müssten die Opfer ruhig liegenbleiben, und ihr ‚sterbliches Auge‘ dürfe nicht sehen, was nun geschehen würde“, erklärt der Hamburger. Was dann allerdings geschah, war kein gottgleiches Wunder, sondern ein profaner Diebstahl. Am Ende fehlen in den Häusern und Höfen Wertsachen wie Silberzeug, Uhren, Geld und anderes von Wert. „Während Tod und Teufel also das Opfer beschäftigten, stahl der Engel wertvolle Gegenstände. Und am Ende, wenn die Ausgeraubten ihre Augen geschlossen halten sollten, verschwanden die drei Männer wieder unbemerkt.“

Während Erzengel Michael am „Michel“ den Teufel selbst bezwingt, ist der Himmelsbote des Verbrecher-Trios ein Komplize des „Teufels“.

Was wie eine aberwitzige Aufführung klingt, stellt sich als ein gut durchgeführter Plan dar, denn es dauert geraume Zeit, bis ein Zusammenhang zwischen den Vorfällen hergestellt wird: „Die Opfer haben sich scheinbar geschämt und daher nichts von denen als Tod, Teufel und Engel verkleideten Personen erzählt“, erklärt Sven Klieme. Schließlich sei irgendwann doch herausgekommen, was in den Nächten vorgefallen war, und die Suche nach den Männern nahm ihren Lauf.

Erwischt werden die drei Einbrecher schließlich auf frischer Tat, wie sie aus einem Gartenhaus schleichen und dabei ihre Masken ablegen. Zwei der drei Gestalten gelingt allerdings die Flucht. Der dritte Verkleidete, ein Mann namens Hermann Kuhlmann aus Danzig, wird festgenommen, verhört, verurteilt und am 16. Juni 1662 gehenkt. Bereits bei seiner Festnahme wurde offenkundig, dass er zuvor als Verbrecher geahndet wurde, da dessen abgeschnittenen Ohren unter der gelben Perücke zum Vorschein kamen – denn Hermann Kuhlmann hatte die Engelsfigur verkörpert, während Tod und Teufel entwischten und nie gefasst wurden …

Spuren in der Stadt

Wo die nächtlichen Einbrüche stattgefunden haben, ist nicht überliefert, auch nicht, wo genau Hermann Kuhlmann gefasst wurde. Figuren von Tod, Teufel und Engel lassen sich aber dennoch in der Stadt finden, wie die Bronzestatue des Erzengels Michael, der vor dem „Michel" den Teufel selbst bezwingt – und so an die kuriose Geschichte des Einbrecher-Trios erinnert.

Der Brief

Ein Schreiben in den falschen Händen

Der Hopfenmarkt im Jahr 1836 nach einer Zeichnung von Friedrich Carl Alexander Lill, etwa 300 Jahre nach dem Tod Agneta Willekens.

Eimbeck'sches Haus, 4. Mai 1538

Agnetas schlimmste Befürchtungen sollten sich an dem heutigen Abend bewahrheiten. Obwohl sie ihre beiden Mädchen in Begleitung ihrer Schwester Cillie zum Tanz geschickt hatte, die anders als Agneta noch einen tadellosen Ruf in Hamburg besaß, kam es zum Eklat – mit verhängnisvollen Folgen. Anlass für die heutigen Festlichkeiten war der Besuch des dänischen Königs in der Hansestadt: Wenige Stunden zuvor hatte sich Christian III., gemeinsam mit seinem Geheimrat Johann Rantzau, im Rathaus eingefunden, wo er vom Bürgermeister, den Ratsmännern und den Bürgern aus den vier Kirchspielen die Huldigungen entgegennahm, die seit seiner Thronbesteigung ausgeblieben waren. Den Staatsgeschäften folgte schließlich zu Ehren des Dänenkönigs und seines Gefolges ein Bankett mit Tanz, wofür sich achtzig Bürger samt Töchter und Söhne im Eimbeck'schen Haus einfanden.

Nachdem die Tänze in dem prunkvoll geschmückten Saal

eröffnet wurden, unterhielten, tanzten und poussierten die anwesenden Ritter und Junker, wie zu erwarten, mit den schönen Bürgerstöchtern. Für Agneta Willkens Töchter Anna und Margareta bot sich in Begleitung ihrer Tante eine einmalige Gelegenheit, in angemessenem Rahmen Bekanntschaften zu machen - schließlich befanden sich heute einige hervorragende Partien unter den Gästen.

Zunächst schien alles nach Plan zu verlaufen, die beiden Mädchen amüsierten sich und führten Gespräche mit den jungen Kavalieren. Doch dann passierte es – Anna und Margareta wurden erkannt. Die Ratsdiener wiesen sie an, den Saal unverzüglich zu verlassen. Somit beraubten sie die jungen Frauen nicht nur jeder Möglichkeit einer guten Heiratspartie, sondern demütigten sie vor aller Augen. Eine Schmach, die allerdings Konsequenzen haben sollte. Denn ihre Mutter, die stadtbekannte Agneta Willeken, hatte nunmehr eines im Sinn: Rache.

Insgesamt 24.000 Gulden fordert Agneta Willeken von der Stadt Hamburg - als Entschädigung dafür, dass ihre beiden heranwachsenden Töchter Anna und Margareta der Chance beraubt worden waren, eine günstige Gelegenheit zu nutzen, um einen Gemahl zu finden. All ihr Geld und ihre gesamte Energie setzt Agneta daran, diesen Prozess zu gewinnen. Warum aber waren die Geschwister an besagtem Abend überhaupt des Saales verwiesen worden – und was hatte ihre Mutter damit zu tun?

Alles beginnt, wie so oft, mit einer Liebesgeschichte: „Agneta lebte von ihrem ungeliebten Ehemann getrennt, der wegen Spielschulden in Vermögensverfall geraten war. Ungeachtet ihres gesellschaftlichen Ansehens ließ sie sich auf eine leidenschaftliche Liebschaft mit dem damaligen Hamburger Schmied Marcus Meyger, genannt Marx, ein", erklärt Andrea Schampier, die in ihrem Roman *Agneta Willeken* die Lebens- und Leidensgeschichte der Hamburgerin dargestellt hat. „Ihr Ziel war es, Marx auf seinem Werdegang zu einem berühmten Kriegshauptmann im Kampf um die Vormachtstellung Lübecks im Ostseehandel zu unterstützen." Während dieser Zeit gewinnen die Niederlande in der Ostsee zunehmend an Einfluss und treten in direkte Konkurrenz mit der Hanse und Lübeck als Haupt der Hanse greift aus diesem Grund zu gewaltsamen Maßnahmen, es kommt zu Kaperkriegen und militärischen Auseinandersetzungen. Ein Vorgehen, das Hamburg nicht gutheißen kann. Im Frühjahr 1534 spitzt sich die Lage zu, als Marx Meyger im Zuge der „Grafenfehde" gemeinsam mit dem Lübecker Bürgermeister Jürgen Wullenwever – ohne jede Kriegserklärung – in Holstein einfällt. Dadurch isoliert sich Lübeck endgültig. Als die wachsende Bedrohung Dänemark schließlich zu einer Einigung über die ungeklärte Thronfolge zwingt – und die Entscheidung zugunsten Christian III. fällt –, gelingt es dem neugekrönten dänischen Herrscher 1535, die Lübecker Flotte zurückzuschlagen. Im Juli desselben Jahres kapituliert die Hansestadt. Doch für Wullenwever und Meyger ist der Kampf nicht vorbei – und Marx verharrt auf der von ihm besetzten dänischen Festung Varberg.

Einen Monat später, im August 1535, wird Agnetas Schicksal schließlich besiegelt: Ein von ihr verfasster Brief an ihren Geliebten gerät in die Hände des Feindes. Und dessen Zeilen bekunden nicht nur die Liebe der mittlerweile verwitweten Hamburgerin zu dem Kriegshauptmann, nein, sie erteilt ihm darin überdies politische Ratschläge: „Agneta hatte strategisches Talent, das sie einzusetzen wusste. Marx habe, so heißt es aus den späteren Prozessakten, nie etwas unternommen, ohne zuvor ihren Rat einzuholen", schildert Autorin Andrea Schampier, die mit den Akten vertraut ist. In dem verhängnisvollen Schreiben legt Agneta Marx nahe, er solle die Burg Varberg dem englischen König zuschanzen, um dessen Unterstützung zu erhalten. Diese Zeilen sollten ihn jedoch nie erreichen. Der Brief wird von den Dänen abgefangen – und gelangt in die Hände Johann Rantzaus.

Andrea Schampier hat Germanistik und Philosophie studiert und sich für eine Seminararbeit mit dem Schreiben Agneta Willekens an Marx Meygers beschäftigt. Ihr Interesse an dem ungewöhnlichen Fall hat sie später veranlasst, einen historischen Roman über die bekannte Hamburgerin zu schreiben.

„Die Dänen lasen Agnetas Zeilen als das wirre Geschreibsel eines unbedeutenden Weibs, das auf der politischen Bühne mitspielen wollte und ihren Geliebten manipulierte", fährt die Autorin fort. Sowohl vor dem dänischen Königshof als auch vor dem Hamburger Rathaus sei das Schreiben vor aller Ohren und zur Belustigung vorgelesen worden. „Der Brief erreichte bald große Berühmtheit und gab ihre Verfasserin noch über die Stadtmauern Hamburgs hinaus der Lächerlichkeit preis." Denn dass Agneta sich als Frau aus dem Mittelstand und dazu noch in einem solchen Brief überhaupt politisch äußert, merkt Andrea Schampier an, erschien in der Sichtweise voriger Jahrhunderte völlig unpassend und geradezu frivol.

Der bekannten Hamburgerin seien in diesem Kontext bereits damals allerlei Erzählungen und Gerüchte angedichtet worden, merkt die Autorin an. Sicherlich habe es viele neidische Frauen gegeben, denn Agneta muss äußerst attraktiv gewesen sein – und bediente sich zur Erreichung ihrer Ziele ihrer gefährlichsten Waffe: ihrer Anziehungskraft auf Männer. „Sie war selbstbewusst, stolz und klug, aber auch machtbesessen – und wollte über Marx ihre politischen Ansichten durchsetzen. Sie war aber auch ein sehr leidenschaftlicher Mensch und hat ihren Marx offenbar wirklich geliebt, wie es aus dem Brief zu entnehmen ist. Das machte sie verwundbar.“ Agnetas politische Weitsicht, so die Autorin, sei zudem sicherlich fundierter gewesen als die ihres Geliebten. Daher habe Marx auch stets ihren Rat gesucht und befolgt. Doch der Plan Agnetas sollte am Ende nicht aufgehen: Nachdem Hamburg sich gänzlich von Lübeck abgewendet hatte und Wullenwever gefangen genommen wurde, sieht sich Marx zur Kapitulation gezwungen. Er wird verurteilt und im Juni 1536 hingerichtet. Etwa zwei Jahre danach begibt sich der dänische König Christian III. nach Hamburg, um dort die Erbhuldigung von Rat und Bürgerschaft zu empfangen, um sich danach für das Bankett mit Tanz im Eimbeck'schen Haus einzufinden.

Agneta weiß, dass sie bei den Festlichkeiten nicht willkommen sein würde, und beschließt daher, ihre Schwester Cillie an ihrer statt loszuschicken, um ihre fünfzehn und achtzehn Jahre alte Töchter in die Gesellschaft einzuführen. „Um nicht sofort erkannt zu werden, trugen Cillie und die Mädchen Schleier, die ihre Gesichter verbargen. Doch als ihre Tante im Tanzsaal mit Agneta verwechselt wurde, ging man davon aus, diese habe tatsächlich die Frechheit besessen, zwischen den guten Bürgern der Stadt und des Adels höchstselbst mit ihren Töchtern zu erscheinen.“ Vor aller Augen werden die drei Frauen vom Ratsdiener des Saales verwiesen. Ihre Töchter bleiben nicht nur gedemütigt zurück, sondern sind durch diesen Skandal für alle Zeiten für den Heiratsmarkt verbrannt. „Mit aller Macht hatte Agneta angestrebt, dass Anna und Margareta sich gut in der Gesellschaft bewegen können. Sie wurden vorbildlich erzogen und haben im Kloster zu Uetersen schreiben gelernt. Agnetas Antrieb war die Leidenschaft und die Sehnsucht nach Ansehen und eine gesicherte Zukunft mit ehrbaren Schwiegersöhnen in der reichen Stadt Hamburg", erklärt die Autorin. Nach dem Vorfall im Eimbeck'schen Haus zerschlagen sich diese Hoffnungen. „Agneta setzte danach alles daran, Wiedergutmachung zu erhalten. Sie empfand es als zutiefst ungerecht, dass die jungen Mädchen in die Angelegenheit hineingezogen wurden. Am Ende ging es ihr einzig um Rache."

Rund zweiundvierzig Jahre wird sich der Prozess um Agneta und ihre Töchter ziehen. Das Urteil: Das Gericht entscheidet zugunsten der Klägerin. Ein Erfolg, den Agneta Willeken wie auch ihre beiden Mädchen nicht mehr erleben werden. Somit geht die Entschädigungssumme von 1.000 Gulden an die Nachkommen der beiden Töchter.

Die Geschichte Agneta Willekens hat sich bis heute tradiert – nicht nur im gleichnamigen Roman von Andrea Schampier –, sondern auch durch Berichte und Chroniken aus den vergangenen Jahrhunderten. Am Ende bleibt allerdings die Frage: Liegt das Verbrechen in der tätlichen Beleidigung der Stadt gegenüber den Töchtern oder vielmehr darin, dass es Frauen in dieser Zeit abgesprochen wurde, Wissen, Intelligenz und Versiertheit zu besitzen, um politisch zu agieren – und sie stattdessen belächelt und verspottet wurden?

Spuren in der Stadt

Der Hopfenmarkt gegenüber der St. Nicolai spielte in Agnetas Leben eine große Rolle: Sie wohnte nicht nur dort, sondern das Viertel repräsentierte das reiche kaufmännische Hamburg, das sie politisch erhalten wollte. Das Eimbeck' sche Haus, in dem der Tanz abgehalten wurde, befand sich an der Ecke Kleine Johannisstraße und Dornbusch. Der 1771 erneuerte Bau wurde beim Großen Brand von 1842 schließlich ein Opfer der Flammen.

Engelmacherin

Das Sechste und Siebente Buch Mosis

Fünf Morde, einen versuchten Mord, schwere Kuppelei und versuchte Verleitung zum Meineid soll Elisabeth Wiese begangen haben.

Schwurgericht
zu Hamburg,
Oktober 1904

„Kinderblut“, wiederholte die Zeugin in langsamen Worten. „Und das Blut von weißen Tauben.“ Diese würden Glück bringen, habe die Angeklagte einmal zu ihr gesagt. Der Vorsitzende und der Staatsanwalt warfen sich einen langen Blick zu. Dass ihre ehemalige Mitbewohnerin mit zwielichtigen Dingen zu tun hatte, wisse die Befragte auch deswegen, weil sie für die diese einmal ein Gebet aus dem „Sechsten und Siebten Buch Mosis“ habe abschreiben sollen. In eben jenem Zauberbuch, fuhr die Zeugin fort, habe die Angeklagte oft eifrig gelesen.

Eine weitere Zeugin, das Dienstmädchen Fräulein Klotsche und Mutter eines der vermissten Kinder, wurde aufgerufen. Unter Tränen schilderte sie die Geschehnisse: Nach der Geburt ihres unehelichen Sohnes Wilhelm hatte sie Schwierigkeiten, sich um ihn zu kümmern. Deshalb habe sie in der Zeitung eine Anzeige aufgegeben, auf die sich eine Frau Wiese meldete. Zunächst sei sie erleichtert gewesen, eine Pflegemutter für ihren Säugling gefunden zu haben. Bald nachdem sie ihr Kind in Obhut gegeben hatte, meldete sich die Hebamme erneut und verkündete, sie kenne eine reiche Familie aus dem Ausland, die ein Adoptivkind suche. „Sie sagte, ich könne gegen eine einmalige größere Summe meinen Wilhelm vermitteln lassen“, schilderte die Zeugin die Situation und beteuerte, es sei die schwerste Entscheidung gewesen, die sie jemals treffen musste. Doch die Aussicht, ihr Sohn könne dort ein besseres Leben führen – wenn auch ohne sie, seine leibliche Mutter –, ließ sie einwilligen.

Erste Zweifel kamen ihr, als sich ihre Lebensumstände besserten und sie ihr Kind schließlich zu sich zurückholen wollte. „Frau Wiese behauptete, sie könne und dürfe nicht sagen, wo sich mein Sohn aufhält. Nicht einmal, in welcher Gegend“, sagte sie mit gebrochener Stimme. Als sie auf mehrfache Nachfrage aber noch immer keine Angaben über den Verbleib ihres Sohnes erhalten habe, wuchs sich ihre anfängliche Skepsis zu einem nagenden, bangen Gefühl aus. „Dann habe ich erfahren, dass auch andere Mütter nach ihren Kindern suchten. Als Frau Wiese auf unser Drängen hin immer noch keine Auskunft geben wollte, ahnte ich, dass ...“ Weiter kam die Zeugin nicht, sie brach unter Tränen zusammen und musste aus dem Zeugenstand geführt werden.

Anfang Oktober 1904 findet im Hamburger Schwurgericht ein fünftägiger Indizienprozess statt: Die Angeklagte Elisabeth Wiese soll fünf Morde, einen versuchten Mord, schwere Kuppelei und versuchte Verleitung zum Meineid begangen haben. Die Szenen, die sich im Gericht abspielen, hält der berühmte Gerichtsjournalist Hugo Friedländer in seinem berühmten Buch *Interessante Kriminal-Prozesse von kulturhistorischer Bedeutung* fest.

Die Masche der Hebamme ist dabei immer dieselbe: Sie meldet sich auf die Zeitungsannoncen verzweifelter Dienstmädchen, um deren uneheliche Kinder in Pflege zu nehmen. Kurze Zeit später behauptet sie, dass sie diese nach London, Manchester, Wien, Berlin oder in andere Städte vermitteln könne – natürlich nur an wohlhabende und angesehene Familien. Die Mütter, die ihre Entscheidungen oft aus Verzweiflung treffen und nach einiger Zeit meist vor Schuldgefühlen und Sehnsucht nach ihren Kindern vergehen, erhalten von der Vermittlerin jedoch keine Angaben über deren Verbleib. Sie versichert ihnen zwar dass die Kleinen in den allerbesten Händen seien, doch als das Dienstmädchen „Fräulein Klotsche“ trotz mehrfacher Nachfrage keine Antworten von der Vermittlerin erhält, wendet sie sich an die Polizei. Schnell stellt sich heraus: Der Hebamme Elisabeth Wiese ist es wegen ihrer vielen Vorstrafen gar nicht erlaubt, Pflegekinder aufzunehmen. Nachdem eine Hausbewohnerin zudem behauptet, die Verdächtige habe das uneheliche Kind der eigenen Tochter direkt nach der Geburt umgebracht, wird sie verhaftet. Insgesamt vier Mütter, die ihre Säuglinge gegen hohe Geldbeträge von der Hebamme vermitteln ließen und danach spurlos verschwanden, meldeten sich zu Prozessbeginn. Mithilfe von Ausschreibungen beträchtlicher Summen als Belohnung hatten die Behörden zunächst versucht, den Verbleib der Kinder ausfindig zu machen, ohne jeden Erfolg.

„Die Mütter, die ihre Entscheidungen oft aus Verzweiflung treffen und nach einiger Zeit meist vor Schuldgefühlen und Sehnsucht nach ihren Kindern vergehen, erhalten von der Vermitt-lerin jedoch keine Angaben über deren Verbleib.“

Im Gerichtssaal finden sich daher Anfang Oktober sowohl Ehemann und Tochter der Angeklagten als auch die verzweifelten Mütter und Nachbarinnen der Hebamme ein. Ihr Gatte, der Kesselschmied Heinrich Wiese, hat keine guten Worte für seine Angetraute übrig: Mehrfach soll sie geplant haben, ihn umzubringen. Mehrere Male habe er nach dem Verzehr von ihr zubereiteter Speisen und Getränke erbrochen und würgen müssen – und einmal habe sie nachts versucht, ihm die Kehle durchzuschneiden.

Auch die außereheliche Tochter Paula Berkefeld lässt kein gutes Haar an der Beschuldigten. Hugo Friedländer hält in seinem Bericht fest, dass sie ihre Mutter während des gesamten Prozesses keines Blickes gewürdigt und sie aus Verachtung stets als „Frau Wiese“ angesprochen habe. Gegenüber dem Gericht äußert sich die Tochter zu den Mordvorwürfen an ihrem Neugeborenen, die gegen ihre Mutter erhoben werden: Sie bestätigt, dass die Angeklagte im Sommer 1902 ihr Neugeborenes umbrachte, nachdem sie bei der unvorbereiteten Geburt geholfen hatte. „Die Wiese habe das Kind in einen Eimer mit Wasser fallen lassen und alsdann auf einen Sack gelegt. Sie habe gesehen, dass das Kind mit den Beinen zappelte, männlichen Geschlechts war und schwarze Haare hatte“, gibt Friedländer die Aussage der Tochter wieder. Dann habe „die Wiese“ sie aufgefordert, das Kind „totzumachen“. Daraufhin sei Paula Berkefeld in Ohnmacht gefallen. Als sie am nächsten Tag das Bewusstsein wiedererlangte, habe

INTERESSANTE
KRIMINAL-PROZESSE
VON
KULTURHISTORISCHER BEDEUTUNG

DARSTELLUNG MERKWÜRDIGER
STRAFRECHTSFÄLLE
AUS
GEGENWART UND JÜNGSTVERGANGENHEIT

NACH EIGENEN ERLEBNISSEN
VON
HUGO FRIEDLAENDER
GERICHTS-BERICHTERSTATTER

EINGELEITET VON JUSTIZRAT DR. SELLO-BERLIN

*

BERLIN W 30 1910
HERMANN BARSDORF VERLAG

Dr. Hugo Friedländer (1847-1918) war Journalist und Gerichtsreporter. In seinem Werk über ausgewählte Kriminalprozesse hat er unter anderem den Fall der „Engelmacherin“ beschrieben.

ihre Mutter behauptet, das Kind sei gestorben. Zu den Vorwürfen äußert sich auch „Fräulein Reich", die einige Zeit bei der Angeklagten wohnte. Sie bezeugt, dass der vierundsiebzigjährige Schuhmacher Schröder, bei dem sich die hochschwangere Paula Berkefeld für einige Tage aufhielt, Wiese für die Geburt zu Hilfe holte. Auch, dass die Hebamme nach ihrer Rückkehr in die gemeinsame Wohnung erklärte, das Kind habe nicht überlebt. Doch: Einige Tage darauf fand die Mitbewohnerin „Fräulein Reich" in der Küche viele verbrannte Kohlen – und stellte Wiese zur Rede. Die Hebamme behauptete, die Nachgeburt entsorgt zu haben.

Die ehemalige Mitbewohnerin der Angeklagten merkt außerdem an, dass die Hebamme sehr abergläubisch gewesen sein soll: „Sie hatte sich das Sechste und Siebente Buch Mosis gekauft", schildert die Zeugin. „In diesem Buch las sie sehr eifrig, es standen alle möglichen Geistergeschichten darin." Auf die Frage des Landrichters, was noch in den Büchern zu lesen war, erwidert die Zeugin: „Ich glaube, es hat auch etwas vom Kinderschlachten darin gestanden." Zudem habe Wiese einmal zu ihr gesagt, dass Kinderblut und Blut von weißen Tauben Glück bringen sollen.

Eine weitere Zeugin ist eine benachbarte Hausbewohnerin. Seit längerer Zeit vermutet sie, dass Wiese die „Engelmacherei" gewerbsmäßig betreiben würde – und gemeint ist dabei nicht die verbotene Abtreibung ungeborener Kinder, sondern die Ermordung Neugeborener. „Sie soll bisweilen so stark geheizt haben, dass die Herdplatten zersprangen. Außerdem soll ein fürchterlicher Geruch wahrgenommen worden sein", schildert Hugo Friedländer die Äußerungen der Nachbarin. Zudem habe sie die Angeklagte beobachtet, wie sie spätabends ein schweres Paket in der Elbe entsorgt habe. Der Verdacht wächst, dass es sich dabei um die sterblichen Überreste eines der Pflegekinder handelte.

> ***„Sie soll bisweilen so stark geheizt haben, dass die Herdplatten zersprangen. Außerdem soll ein fürchterlicher Geruch wahrgenommen worden sein."***

Anhand der Zeugenaussagen und vorliegenden Indizien steht bald fest: Die Hebamme muss die Kinder umgebracht, deren Leichen in dem Kochherd verbrannt und anschließend in der Elbe beseitigt haben. Der Gerichtshof verurteilt Elisabeth Wiese wegen fünf vollendeter Morde fünfmal zum Tode. Unter den Opfern sind ihr neugeborener Enkel Peter Berkenfeld sowie die weniger als ein Jahr alten Kinder Wilhelm Karl Klotsche, Franz Sommer, Bertha Blanck und Peter Schultheiß. Am 2. Februar 1905 wird die Kindsmörderin Elisabeth Wiese im Untersuchungsgefängnis am Holstenglacis mit der Guillotine hingerichtet.

Spuren in der Stadt

Die mehrfache Kindermörderin Elisabeth Wiese wohnte in der Wilhelminenstraße, der heutigen Hein-Hoyer-Straße in St. Pauli, nur wenige Hundert Meter nördlich der Norderelbe.

COSTA
RICA
Pauli

Schmuggelware

Heimlich und leise unter den Straßen

Ekkehart Opitz kennt St. Pauli wie seine Westentasche: Als Museumsdirektor des „Erotic Art Museums“ in der Bernhard-Nocht-Straße befindet er sich direkt hinter den Landungsbrücken von St. Pauli.

Hinter den Landungsbrücken von St. Pauli, im Jahr 1958

Wie immer war die Straßenecke ruhig. Das Entscheidende war allerdings der richtige Moment: Es musste spät genug für neugierige Blicke sein, aber gleichzeitig zu früh, um sich verdächtig zu machen. Er zündete sich eine Zigarette an und nahm sogleich zwei tiefe Züge. In diesem Moment bog der Kastenwagen um die Ecke und hielt vor ihm am Straßenrand. Die beiden Helfer, die gelangweilt an einer Häuserecke gelehnt hatten, begannen sofort damit, den Wagen zu entladen. „Wie immer?", fragte er den Fahrer, der ihm mit einem Nicken antwortete. Während er ihn auszahlte, packten die Helfer die letzten Säcke auf den Handkarren.

Sobald der Kastenwagen außer Sichtweite war, setzte er sich mit den beiden Männern und der Ware in Bewegung. Nach wenigen Abzweigungen hatten sie eine hölzerne Türe erreicht. Er versicherte sich, dass sie nicht beobachtet wurden, und öffnete das Türschloss. Wortlos folgten ihm die Männer im fahlen Licht der Taschenlampe durch die feucht-modrigen Tunnel, bis sie irgendwann in einen Lagerraum gelangten. Auf der einen Seite stapelten sich verschlossene Kisten und Dosen, auf der anderen Seite stand ein halbgefülltes Holzregal. Die Männer nahmen die Ware aus den Säcken und legten sie nebeneinander auf die freien Regalböden.

Der Mann steckte sich erneut eine Zigarette an und begann, die Ware zu begutachten. Zwar waren die Gewinne nicht so hoch wie bei Kaffee oder Alkohol, doch das Risiko dafür weitaus geringer – und die Einnahmen konstant. Ein guter Nebenverdienst für einen Hafenarbeiter, so viel war klar. Noch einige Tage, dann würde er sich an seine üblichen Abnehmer auf dem Markt wenden. Dann müssten die grasgrünen Stauden ausreichend nachgereift sein – zu schmackhaften Bananen.

Im Jahr 1958 umfasst der Hafen eine Fläche von 7.500 Hektar mit mehr als fünfzig Hafenbecken, die etwa 250 Seeschiffe aufnehmen können, sowie weitere Kaianlagen für unzählige Binnenschiffe. Mehr als 30.000 Arbeiter sind zu der Zeit am Hafen beschäftigt, löschen Ware wie Südfrüchte, Mineralöl, Kreide oder Kohle. Auf einer Strecke von fast einem Kilometer Länge dienen die St. Pauli Landungsbrücken als Vorortbahnhof für den Verkehr auf der Elbe. Das allzeit geschäftige Treiben kommt einer Einladung für kriminelle Aktivitäten gleich. „Der Schmuggel mit Waren war am Hafen kein Einzelfall, sondern vielmehr an der Tagesordnung", erklärt Museumsdirektor und Gästeführer Ekkehart Opitz. Nicht nur die zahlreichen Gelegenheiten begünstigen Diebstahl und Schwarzhandel, sondern auch die Möglichkeit zum Verstecken der Waren: „Einzelne Bereiche des Viertels waren unterkellert und verbunden. Viele Wege führten so in einzelne Häuser, über die das unterirdische System zugänglich war." Als im Jahr 1996 der letzte Kellerzugang dichtgemacht wird, endet die Nutzung für die Öffentlichkeit endgültig. Die wenigen Zugänge – viele dürfen wegen Einsturzgefahr nicht mehr betreten werden – können heute nur im Rahmen von Führungen besichtigt werden. Ein solcher Eingang befindet sich bis heute in einem Kiosk in der Davidstraße.

„Einzelne Bereiche des Viertels waren unterkellert und verbunden. Viele Wege führten so in einzelne Häuser, über die das unterirdische System zugänglich war. "

„Die Keller dienten während des Zweiten Weltkriegs als Zuflucht", fährt der Museumsdirektor des Erotic Art Museums fort, der allerlei Geschichten rund um das Viertel St. Pauli kennt. So habe beispielsweise ein Röhrenbunker unterhalb des Hans-Albers-Platzes als Schutz für die ansässige Bevölkerung gedient. „Im Laufe der Zeit wurden von der Bewohnerschaft dann aber weitere Tunnel angelegt, um gezielt ihre Häuser miteinander zu verbinden." So entstand ein ganzes Netzwerk, das wie eine zweite Stadt im Untergrund anwuchs – eine Spezialität von St. Pauli. „Auch im Chinesenviertel rund um die Schmuckstraße gab es Anfang des 20. Jahrhunderts miteinander verbundene Kelleranlagen. Wie eine Art riesige Wohngemeinschaft konnten sich die

Menschen in den unterirdischen Räumen aufhalten und beispielsweise dort schlafen." So entstanden auch die Gerüchte um das geheime Tunnelsystem, das von chinesischen Banden angelegt worden sei, um Drogen zu schmuggeln oder diese in Opiumhöhlen zu konsumieren.

Nicht in den Bereich der Legenden gehören die Tunnelanlagen unterhalb St. Paulis, die durch ihre Verbindung zum Hafen ideal für illegale Aktivitätengeschaffen waren. „Über Zugänge zum Tunnelsystem konnten die Menschen schnell Kisten verschwinden lassen und über die zahlreichen Abzweigungen weiter transportieren – und flugs in die oberen Etagen eines der Häuser bringen." Für die Polizei sei es danach entsprechend schwierig gewesen, die heiße Ware ausfindig zu machen. „Solche Aktionen gab es im großen Stil. Einerseits war es einfacher Diebstahl von Waren, die am Hafen ankamen. Andererseits dienten die Tunnel aber auch dazu, Hehlerware in Sicherheit zu bringen oder zu verstecken."

„Mittenmang" in der Davidstraße: In einem Kiosk befindet sich der Zugang zu einem Kellertrakt, der Teil des Tunnelsystems war.

Der Schmuggel von Gegenständen betrifft vor allem die Fünfziger- und Sechzigerjahre. Und die Waren sind dabei so vielfältig wie die Schiffstypen, die am Hafen anlegen: „Alkohol, Kunstgegenstände oder Tiere wie Reptilien, die dem Einfuhrverbot unterlagen, konnten so einfach auf dem Schwarzmarkt verhökert werden", erklärt Ekkehart Opitz. Im Jahr 1950 beispielsweise, nachdem die Kaffeesteuer auf zehn DM pro Kilo Rohkaffee festgesetzt wurde, soll mit Kaffee mehr geschmuggelt als rechtmäßig gehandelt worden sein – und ganz vorne dabei der Hamburger Hafen, der seit Ende des 19. Jahrhunderts einer der wichtigsten europäischen Importhafen für Rohkaffee darstellt. Doch nicht nur die beliebten Bohnen, sondern zahlreiche andere Waren werden am Hafen umgeschlagen – auch Südfrüchte wie Bananen. Von den Frachtschiffen gelangen sie über witterungsgeschützte Aufzüge direkt in die geheizten Fruchtschuppen, wo sie nachreifen können. Auch die ungenutzten Bunkeranlagen dienen zum Nachreifen der Bananen, von denen heute natürlich nur die legalen Lagerstätten bekannt sind.

Der große Handel mit Schmuggelwaren wie Früchte, Kaffee oder Alkohol endet am Hamburger Hafen schließlich in den späten Sechzigerjahren: Kamen in den Jahren zuvor nur wenige Frachtcontainer zum Einsatz, so erlebt die Containerschifffahrt ab 1968 den großen Durchbruch. „Damit war auch das Ende für den Schmuggel gekommen", erklärt Ekkehart Opitz. „Statt in einzelnen, gestapelten Kisten und Säcken befindet sich das Gut nun in großen Containern – mit strengeren Kontrollen durch Polizei und Zoll." Geblieben sind allerdings die vielen Tunnel unter St. Pauli, früher zum Schmuggeln genutzt, heute größtenteils vergessen.

Spuren in der Stadt

In der Davidstraße befindet sich in einem Kiosk noch immer ein Zugang zu so einem Kellertrakt, der im Rahmen einer geführten Tour besichtigt werden kann. Von den Anlagen des Zweiten Weltkriegs haben sich – oberirdisch wie unterirdisch – unzählige Bunker erhalten, die bekanntesten sind wohl der vierzig Meter hohe Flakturm in der Feldstraße und der Bunker beim Hamburger Weinberg sowie die Anlage unter dem Bismarck-Denkmal.

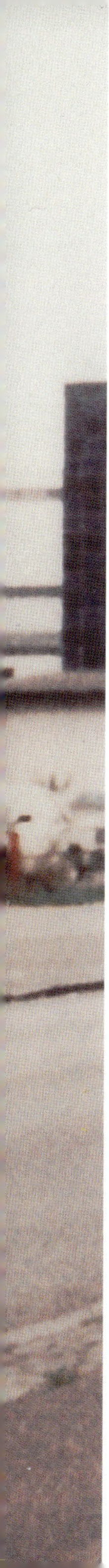

Charade

Mit Stil zum Bankraub

Die Eidelstedter Volksbank war der erste Versuch für Gisela Werler, um sich als Bankräuberin auszuprobieren.

Volksbank Eidelstedt, 29. Juli 1965

Gedankenversunken schaute der Mann durch eines der vielen Fenster nach draußen, während der Kassierer das Geld zählte. „Hier bräuchte ich noch eine Unterschrift", sagte der Bankangestellte und deutete auf das Papier. Danach reichte der Kassierer ihm das Geld und verabschiedete den Kunden freundlich. Gerade als er sich vom Schalter wegdrehte, sah er sie: Die Frau trug einen langen, dünnen Mantel, und ihr blondes, pralles Haar zierte ein Kopftuch mit Leopardenmuster. Zwar verdeckten die großen Gläser ihrer schwarzen Sonnenbrille beinahe ihr gesamtes Gesicht, doch diese Eleganz, mit der sie den Raum betreten hatte! Sofort musste er an Audrey Hepburn denken – aber hier in Eidelstedt eine solche Diva? In schnellen Schritten schwebte sie beinahe an ihm vorbei, während er Richtung Ausgang schlenderte. Er war gerade in Begriff, die Bank zu verlassen, als er sich noch mal nach der Frau umdrehte. Seine Bewunderung schlug nun jedoch in Verwunderung um. Hatte Sie eben „Geld her!" zum Kassierer gesagt? Ihr nachgeschobenes „Bitte" bestätigte ihm, dass er sich verhört haben musste. In diesem Moment drehte sie ihren Kopf in einer schnellen Bewegung nach hinten und prüfte den Eingang der Bank. Dabei sah er die Pistole, die sie auf den Angestellten richtete. Zögerlich reichte dieser ihr einige Scheine und hastig verließ sie das Gebäude. Der Angestellte sowie der Kunde, der noch immer im Eingang der Bank stand, blieben irritiert zurück. Was war eben geschehen? Viel mehr als der Auftritt der hübschen Lady, die offensichtlich gerade eine Bank ausgeraubt hatte, blieb ihm ein anderes Detail im Gedächtnis. Denn bevor sie zur Türe herausgetreten war, hatte sie dem Angestellten ein „Danke" zugerufen und ihm einen schönen Tag gewünscht.

Der Bankraub auf die Eidelstedter Volksbank-Filiale wird der Erste von insgesamt neunzehn Überfällen sein, welche die „Banklady" zwischen den Jahren 1965 und 1967 in Hamburg, Niedersachsen und Schleswig-Holstein begehen wird. Der Raub im nordwestlichen Stadtteil der Hansestadt ist allerdings nicht nur für die Bankräuberin Premiere, sondern auch für ganz Deutschland: „Nie zuvor hat eine Frau eine Bank ausgeraubt. In einer Zeit, wo Raubüberfälle fast ausschließlich von Männern begangen wurden, war eine weibliche Täterin für die Medien von besonderem Interesse", erklärt der ehemalige Lehrer Wolfgang Wallach. Von den Medien erhält sie wegen ihres stilvollen Auftretens bald den Titel „Banklady" – der ihrem eigentlichen Wesen vollkommen widerspricht.

Der ehemalige Lehrer Wolfgang Wallach hat acht Jahre für das Heimatmuseum im Eidelstedter Bürgerhaus gearbeitet und ist seit 2021 als Mobile Geschichtswerkstatt weiter im Stadtteil aktiv, weswegen er sich mit der Geschichte des Stadtteiles gut auskennt. Bei seinen Führungen gibt er gerne die Legende um die „Banklady" und ihres Überfalls in der Eidelstedter Filiale zum besten.

Gisela Werler, geboren in Hamburg-Altona, gilt als höflich, zuverlässig und unauffällig. Die Hilfsarbeiterin in einer Tapetenfabrik wohnt bei ihren Eltern, die sie schätzt und respektvoll behandelt. Eines Tages lernt sie allerdings den – zu diesem Zeitpunkt verheirateten – Taxiunternehmer Hermann Wittorff kennen. Mit ihm beginnt sie eine leidenschaftliche Affäre. Dass dieser Banken überfällt, stört Gisela nicht. Ihr Werdegang als erste deutsche Bankräuberin beginnt, als ein Komplize Wittorffs ausfällt und sie stattdessen einspringen möchte. Um zu testen, ob seine Geliebte sowohl den Mut als auch die nötige Kaltblütigkeit für eine solche Tat besitzt, planen sie den ersten Überfall in Eidelstedt. Die gestohlene Summe soll hierbei keine Rolle spielen, es ist mehr eine Art Mutprobe. Tage und Nächte vorher sei sie furchtbar nervös gewesen und hatte schreckliche Träume, schreibt sie später in ihr Tagebuch. Doch wenn ihr „Peter“ – der Deckname ihres Geliebten – bei ihr war, sei sie die Ruhe selbst gewesen.

Am 29. Juli 1965 betritt sie die Filiale der Eidelstedter Volksbank und erleichtert sie um 3.100 Mark. Ihr erster Raubüberfall war ihr gelungen. „Ich freute mich so, dass ich ihm meine Liebe bewiesen hatte. Ich hatte die Mutprobe bestanden und ahnte nicht, dass es mein Untergang werden würde“, hält sie in ihrem Tagebuch fest. „Es scheint, als hätte sie die Überfälle nicht nur mit, sondern vielmehr für ihn begangen“, merkt Wolfgang Wallach an.

„Es scheint, als hätte sie die Überfälle nicht nur mit, sondern vielmehr für ihn begangen.“

Die Nachrichten machen schnell die Runde – eine Frau, die Banken überfällt und zudem mit so viel Eleganz und Stil! Stets trägt sie edle Klamotten, erinnert mit Kopftuch und Sonnenbrille an den Auftritt des Filmstars Audrey Hepburn im Filmklassiker *Charade* der beginnenden 1960er-Jahre. Das Bild in den Medien porträtiert sie als Lady, die höflich und charmant, aber ebenso kaltblütig ist. Und eine Scharade ist es zweifelsohne: Während das Liebespaar insgesamt rund 400.000 Mark Beute macht, verkörpert sie in ihrem alltäglichen Leben das Bild einer braven Hilfsarbeiterin. Viel gönnen sich die beiden nicht, verhalten sich unauffällig. Keiner aus dem Umfeld ahnt, dass es sich bei Gisela Werler um die mysteriöse „Banklady“ handelt.

Am 15. Dezember 1967 wird das Bankräuber-Duo schließlich gefasst, als sie eine Bank in Bad Segeberg ausrauben wollen. Doch die Angestellten wehren sich. Vier Mitarbeiter werden dabei verletzt, allerdings nicht lebensgefährlich. Bei ihrer Flucht nach Hamburg wird das Fluchtfahrzeug gestoppt, und als Wittorff das Magazin aus der Maschinenpistole fällt, werden sie überrumpelt. Kurze Zeit später folgt der Prozess: Gisela Werler wird für neuneinhalb Jahre, ihr Geliebter Hermann Wittorff für dreizehneinhalb Jahre Haft verurteilt. Sie selbst soll nie aus Geldgier, sondern aus Liebe gehandelt haben, so die allgemeine Meinung. Zumindest deren Zuneigung zueinander schien in diesem

Scharadespiel echt zu sein: „Sie hat ihren Komplizen und Geliebten im Gefängnis geheiratet", merkt der Heimatforscher an. Nach ihrer Entlassung leben sie bis zu Gisela Werlers Tod im Jahr 2003 gemeinsam in bescheidenen Verhältnissen. Wie romantisch die Geschichte auch klingen mag, nach Einschätzung des Polizisten und späteren Polizeihauptmeisters Hermann Bauer, der die beiden 1967 verhaftet hat, steht fest: Werler und Wittorff waren Schwerverbrecher.

Und heute? Die Eidelstedter Filiale der Volksbank existiert mittlerweile nicht mehr. „In den 1980er-Jahren wurde dort ein neues Gebäude hochgezogen, dessen obere Geschosse gewerblich genutzt wurden und wo im Erdgeschoss noch viele Jahre die Volksbank ihren Sitz hatte. Aber mit der zunehmenden Schließung der Bankfilialen wurde 2023 daraus eine Kindertagesstätte", merkt der Hamburger an. Heute befänden sich dort auch Arztpraxen und Geschäfte. Einen Geldautomaten gebe es in dem Haus aber auch noch – der hoffentlich gut gegen Diebstahl gesichert ist.

Spuren in der Stadt

Die von Gisela Werler ausgeraubte Bankfiliale stand in der Elbgaustraße 10 in Eidelstedt. Das alte Haus wurde Anfang der 1980er-Jahre abgerissen. Heute steht an dieser Stelle ein großer Gebäudekomplex mit Kindertagesstätte, Arztpraxen – und ein Geldautomat der Volksbank. Seit 1986, als das Eidelstedt Center eröffnet wurde, gehört dieser Abschnitt zur Fußgängerzone, verbindet das Einkaufszentrum mit dem Wochenmarkt und heißt „Alte Elbgaustraße".

Hammaburg

Kirchenpolitischer Mythos

Heute geschäftiges Treiben der Großstadt, vor Jahrhunderten eine befestigte Siedlung - hat alles zum Schutz einer Kirche begonnen?

Hamburg, im Jahr 845

Noch immer hörte er die Schreie, sah die panischen Gesichter vor sich. Alles war so furchtbar schnell gegangen. Kunde hatte sie erreicht, dass Seeräuber die Elbe hinauffuhren und sich rasch der Hammaburg näherten. Ausgerechnet an jenem Tag, an dem die Bewohner Graf Bernhard zur Unterstützung gebraucht hätten, war er auf Reisen. Für Ansgar stand jedoch fest: Die Stadt musste gehalten werden. Zu wichtig war der Missionsstandort, zu bedeutend die hölzerne Kirche im hohen Norden, in dem sich zudem die Reliquien befanden. Doch als die Heiden begannen, die Hammaburg zu umzingeln, und dem Geistlichen bewusst wurde, dass Verbündete nicht rechtzeitig eintreffen würden, blieb als einzige Option der Rückzug. Ansgar musste die Stadt aufgeben, anders würde er die Reliquien nicht schützen können. Wenige Momente später brach Panik unter den Menschen aus, und die Stadtbewohner samt Kleriker flohen eilends in alle Richtungen. Angekommen in Bremen wurde Ansgar schnell klar, dass er die richtige Entscheidung getroffen hatte: Wem die Flucht nicht gelungen war, bezahlte mit dem Leben. Am dritten Tag stand die ganze Stadt in Flammen, die Heiden hinterließen nichts außer einem Haufen Asche. „Der Herr hat's gegeben, der Herr hat's genommen, wie es dem Herrn gefallen hat, so ist es geschehen, der Name des Herrn sei gepriesen", wiederholte er die Worte, die ihm bei seiner Flucht durch den Kopf gegangen waren. Wenn er jedoch aufrichtig zu sich selbst war, kam ihm der Verlauf der Dinge durchaus gelegen. Dass kurze Zeit später zudem der Bischof in Bremen starb, erschien Ansgar wie eine göttliche Fügung. Jetzt blieb nur noch ein Hindernis: Er musste einen Weg finden, dass Bremen mit Hamburg zum einem Erzbistum wurde.

„Wegen des Überfalls der Wikinger 845 auf die Hammaburg musste Ansgar, der als Missionsbischof in den Norden berufen worden war, nach Bremen fliehen. Wie es der Zufall wollte, stirbt dort in demselben Jahr der Bischof", erklärt Professor Dr. Rainer-Maria Weiss die bekannte Überlieferung. Von Ludwig dem Frommen, dem Sohn Karls des Großen, wird Ansgar als neuer Bischof installiert. Doch der Geistliche befindet sich für die Mission am falschen Ort: „Die Hammaburg war der designierte Ausgangspunkt für die Bekehrung der Slawen im Osten und das Vorantreiben der Christianisierung im Norden. Von Gott berufen, vom Kaiser bestimmt und vom Papst legitimiert, konnte ein Missionsstandort nicht beliebig umgelegt werden. Seit diesem Zeitpunkt ging es darum, Bremen mit Hamburg in einem Erzbistum zu vereinen. So konnte Ansgar die Mission von beiden Standorten betreiben", schildert der Leiter des Archäologischen Museums Hamburg die Hintergründe – mit dem heutigen Wissen. Denn für die Wissenschaft stand lange fest, dass das Erzbistum Hamburg-Bremen mit Ansgars Ankunft in der Hammaburg begründet worden sei. Dem Geistlichen war es demnach gelungen, sein Vorhaben für mehr als tausend Jahre wahr werden zu lassen.

Bereits 1075 schildert der Chronist Adam von Bremen in seiner *Hamburgischen Kirchengeschichte* die Begründung des Doppelbistums, das mit Ansgars hölzernem Kirchenbau in der Hammaburg seinen Anfang nahm. Der Chronist bezieht sich dabei auf eine zuverlässige Quelle: die Aufzeichnungen des Klerikers Rimbert, Erzbischof von Bremen und Nachfolger Ansgars. In seiner *Vita Anskarii* schildert dieser die Lebensgeschichte Ansgars, darunter den Wikingerüberfall auf die Hammaburg sowie dessen anschließende Flucht nach Bremen. Ansgar sei zuvor von Ludwig dem Frommen – ursprünglich auf Geheiß von Karl dem Großen – mit dem Auftrag zur Gründung des Doppelbistums in den Norden geschickt worden. Zum Schutz des bedeutenden Missionsstandorts ließ sich in der kleinen Siedlung anschließend der Adel nieder und begann mit dem Bau der befestigten Wehrsiedlung. Der Fall scheint für die Wissenschaft klar, schließlich belegt die am 15. Mai 834 von Ludwig ausgestellte Urkunde Ansgars Entsendung nach Hamburg und die damit verbundene Gründung des Doppelbistums Hamburg-Bremen. So dachte man zumindest lange.

Auf der Suche nach der legendären Befestigung – und des darin befindlichen Gotteshauses – gräbt in den Jahren 2005/06 ein Team von Archäologen um Professor Weiss auf dem Domplatz. „Die zum Schutz der Missionskirche errichtete Hammaburg wurde seit Jahrhunderten gesucht", fährt der Landesarchäologe fort. Von Beginn an vermutet die Archäologie den Standort der befestigten Wehrsiedlung um den Platz, auf dem bis ins beginnende 19. Jahrhundert der Mariendom stand. Bereits während der ersten Ausgrabung nach dem Ende des Zweiten Weltkriegs werden dort Gräben der Hammaburg entdeckt, doch in den nachfolgenden Jahrzehnten stellt sich heraus, dass die geborgenen Funde ein bis zwei Jahrhunderte jünger als angenommen sind. Mit einer erneuten Grabung in den 1980er-Jahren wird die Verwirrung noch größer: Es finden sich Spuren einer weiteren Anlage aus dem 6. Jahrhundert. Während der Archäologie also zu junge und zu alte Grabenreste vorliegen, fehlt von der literarisch überlieferten Hammaburg des 9. Jahrhunderts jede Spur. „Das war der Ausgangspunkt unserer Ausgrabungen, die wir – im Gegensatz zu den vorherigen Unternehmungen – sehr großflächig durchführen konnten."

„Die zum Schutz der Missionskirche errichtete Hammaburg wurde seit Jahrhunderten gesucht."

Im Anschluss an die Grabungsarbeiten führen Professor Weiss und sein archäologisches Team in mehrjähriger Arbeit die Ergebnisse aller bisherigen Ausgrabungen digital zusammen, sodass sich ein klares Bild offenbart: „Wir haben eine ganz klare, lineare, zwiebelartige Abfolge dreier unterschiedlich großer Ringwallanlagen aufgedeckt. Der kleinste Graben mit einem Durchmesser von nur 50 Metern stammt aus dem 8. Jahrhundert und wird um 800 von einem größeren Kreisgraben mit 75 Metern Durchmesser umschlossen. Um 900 wird dann schließlich eine weitaus größere Anlage mit bis zu 130 Metern Durchmesser angelegt." Durch die Ausgrabung 2005/06 war es Professor Weiss und seinem Team gelungen, die Frage der Datierung zu klären und die Existenz der Hammaburg im 9. Jahrhundert auf dem Domplatz nachzuweisen. Klar ist zu diesem Zeitpunkt, dass dort auch Ansgars Kirche zu finden sein muss. Schließlich begann dort laut den

Chronisten Rimbert und Adam von Bremen die Geschichte des Doppelbistums. Aber: Im Erdreich finden sich keinerlei Spuren von Angsars Gotteshaus.

Die Ergebnisse stellen sich für Professor Weiss wie Hinweise in einem Kriminalfall dar. „Nehmen Sie einen Mordprozess, bei dem ein und dieselben Indizien vorliegen. Während der Staatsanwalt zu dem Ergebnis kommt, lebenslänglich zu fordern, verlangt der Verteidiger Freispruch. Es sind dieselben Indizien – und doch kommen beide zu einem vollkommen unterschiedlichen Schluss", erklärt der Landesarchäologe. Die Hinweise, die dem archäologischen Team vorliegen, sind neben den Grabungsergebnissen die historischen Quellen. Doch nicht nur die Archäologen wundern sich über den Verbleib der Holzkirche, es gibt weitere Unstimmigkeiten. Als sich der Historiker Theo Kölzer einer gründlichen Analyse aller Urkunden Ludwigs dem Frommen widmet, stellt er anhand sprachlicher und formeller Vergleiche fest, dass einige Passagen der Urkunde zur Bestätigung des Doppelbistums später ergänzt worden sein mussten. Der „echte" Kern der Urkunde Ludwigs aus dem 9. Jahrhundert beinhaltet demnach nur wenige Informationen: „Eigentlich lässt sich – abgesehen von anderen Details – nur die Entsendung Ansgars nach Hammaburg verifizieren", gibt Weiss die Erkenntnisse wieder. „Alles andere sind spätere Hinzu-

Professor Dr. Rainer-Maria Weiss ist seit 2003 Leiter des Archäologischen Museums Hamburg und Landesarchäologe der Freien und Hansestadt. In seiner Forschung beschäftigt sich der Archäologe vor allem mit der Frühgeschichte Hamburgs, deren schriftliche Quellen weitgehend erschöpft sind, während die archäologischen Quellen immer wieder für Überraschungen sorgen.

dichtungen, also beabsichtigte Fälschungen. Es hat anfangs nie den Plan gegeben, ein Doppelbistum Hamburg-Bremen zu gründen."

Die Fälschung dient Ende des 9. Jahrhunderts anscheinend einem ganz bestimmten Zweck: „Auf dem Höhepunkt des Streits mit dem Erzbistum Köln, das zu dieser Zeit Anspruch auf Bremen erhob, zogen die Abgesandten des vermeintlichen Doppelbistums Hamburg-Bremen nach Rom. Dort legten sie Papst Formosus die Entsendungsurkunde Ludwigs des Frommen aus dem Jahr 834 vor, allerdings angereichert durch allerlei Ausschmückungen." Der Papst bestätigt Hamburg und Bremen schließlich als Doppelbistum und Erzdiözese. Dadurch erhält die gefälschte Urkunde letztlich den echten päpstlichen Segen, bezeugt von vielen Anwesenden, und ist somit künftig unanfechtbar. Die Wissenschaft, der nur Abschriften des vermeintlichen Originals vorliegen, hielt den Inhalt für glaubwürdig.

„Dort legten sie Papst Formosus die Entsendungsurkunde Ludwigs des Frommen aus dem Jahr 834 vor, allerdings angereichert durch allerlei Ausschmückungen."

Ansgar hat in Wirklichkeit jedoch nie einen solchen Auftrag erhalten. Vielmehr wurde der Geistliche zur Hammaburg entsandt, um dort einen Missionsstandort zu gründen – nicht mehr und nicht weniger. Die Hammaburg wurde demnach nicht zum Schutz der Kirche gebaut, sondern diese suchte vielmehr Schutz am Rande einer bereits bestehenden Befestigung. Das erklärt, warum das Gotteshaus von den Archäologen nicht innerhalb der Hammaburg gefunden wurde. Abgesehen davon hätte der Bau der Kirche innerhalb der Befestigungsanlagen keinen Sinn ergeben: Ansgars Kirche sollte als Anlaufpunkt für zu Missionierende dienen, weswegen das Gotteshaus ohnehin nicht innerhalb, sondern *außerhalb* der geschlossenen Festungsanlage zu erwarten wäre. Zudem gibt es ein weiteres Argument, das gegen eine Errichtung innerhalb des Befestigungsringes spricht: „Als Ansgar ankommt, um seinen Missionsstandort zu gründen, existierte die Hammaburg bereits. In der kleinen Befestigungsanlage, die einem sächsischen Adligen unterstand, wird zu diesem Zeitpunkt kaum mehr Platz für eine Kirche und ihre gesamte Infrastruktur gewesen sein." Die Kirche Ansgars ist also an einem anderen, der Hammaburg nahe gelegenen Standort zu suchen. Da im mittlerweile zerstörten Mariendom trotz großflächiger und gründlicher Ausgrabungen keinerlei Spuren von Ansgars Kirche entdeckt worden sind, kann er nicht der Nachfolgebau sein, also bleibt nur – auch aufgrund der topografischen Lage – ein anderes Gotteshaus: „Unsere Arbeitshypothese ist, dass Ansgars Kirche unter dem Chorbereich von St. Petri liegt", verkündet der Museumsleiter.

Letztendlich hatten es Ansgar oder vielmehr seine Nachfolger also geschafft, das vermeintlich geplante Doppelbistum Hamburg-Bremen seit dem 9. Jahrhundert aus kirchenpolitischen Motiven für mehr als ein Jahrtausend Realität werden zu lassen.

Spuren in der Stadt

Die legendäre Hammaburg erstreckte sich über den Domplatz, auf dem sich heute eine kleine Parkanlage befindet. Die Holzkirche Ansgars als Ausgangspunkt seiner Missionierung vermutet Prof. Dr. Rainer-Maria Weiss unterhalb der Kirche St. Petri. Die Funde, die bei der Ausgrabung des Platzes 2005/06 zutage kamen, sind heute im Archäologischen Museum Hamburg ausgestellt. Zudem schmückt eine Figur aus rotem Sandstein die Trostbrücke, ein weiterer Ansgar ziert als Bronzefigur das südliche Ende der Brooksbrücke.

Warhafftige Zeitung.

Von den Gottlosen Hex

auch Ketzerischen vnnd Teufels Weibern/
des heiligẽ Römischen Reichsstatt Schletstatt im Els
den zwey vnd zwentzigsten Herbstmonats/des verlauffenen
zigsten Jars/von wegen jrer schentlicher Teufelsuerpflichtung/ve
worden/Sampt einem kurtzen Extract vnd außzug etlicher
Schrifften von Hexerey/zůsam̃en gebracht.

Durch Renhardum Lutz Erythropolitanum.

M. D. LXXI.

Schadenzauber

Vorfall im Haus des Reformators Bugenhagen

Das Titelbild der Schrift „Von den gottlosen Hexen" des Pfarrers Reinhard Lutz aus dem Jahr 1571 zeigt die ketzerischen „Teufelsweiber".

Am Kattrepel, im März 1529

Seit ihrer ersten Begegnung im letzten Jahr war ihm die Köchin verdächtig vorgekommen. Er konnte nicht sagen, ob es ihre eingefallenen Wangen in dem blassen Gesicht waren, welche die Frau haben wirken lassen, als sei sie dem Tod näher als dem Leben, oder ob es an ihren kalten hellblauen Augen lag. Dass sie nun diese abscheuliche Tat begangen hatte, überraschte ihn keineswegs. Bereits wenige Tage, nachdem er gemeinsam mit der Familie Bugenhagen in Hamburg angekommen war und das Haus bezogen hatte, offenbarte die Köchin ihre bösen Absichten: Ein eigens von ihr zubereitetes Getränk hatte sie wieder ausgespuckt, ja, sich beinahe selbst vergiftet. Wer weiß, welche Tragödie sich zugetragen hätte, wäre die Hausherrin nicht Zeugin davon geworden. Mit Festsetzung der Ungläubigen hatte er gehofft, sie würde die Strafe erhalten, die sie verdiente. Doch sein Hausherr Johannes Bugenhagen selbst – er kann es bis heute nicht verstehen! – hatte sich für die Angeklagte eingesetzt. Schrieb er nicht selbst die Worte Martin Luthers nieder, dass es ein überaus gerechtes Gesetz sei, Zauberinnen zu töten? Der Diener ermahnte sich jedoch sogleich selbst. Bugenhagen hatte Milde walten lassen, er war gütig gewesen – und würden nicht alle Menschen durch Gottes Güte befreit werden?

Als die Köchin nach ihrem Aufenthalt in der Frohnerei wieder als Bedienstete ins Haus der Familie Bugenhagen gekommen war, verhielt sie sich noch sonderbarer. Sie war durch die Flure geschlichen, hatte sich kaum blicken lassen, begann mit sich selbst zu reden. Rache war es, was sie wollte, da war sich der Diener sicher. Nicht dafür, dass sie weggesperrt worden war, sondern für ihren vormaligen Herrn, den Domdekan Barthold Moller, der zuvor in dem Haus gewohnt hatte. Auch wenn er als Gegner der Reformation Hamburg zunächst nicht hatte verlassen müssen, so war er doch kurze Zeit später geflohen. Seine alte Köchin hingegen war geblieben – und diesem dämonischen Wesen war es nun gelungen, seinen Plan in die Tat umzusetzen. Sicherlich hatte sie wieder einen Trank gebraut oder einen hinterlistigen Schadenzauber ausgesprochen. Nur das konnte der Grund sein, warum das arme Kind der Hausherrin bereits bei der Geburt sein Leben lassen musste. „Schaden fügen sie nämlich an Körpern und Seelen zu. Sie verabreichen Tränke und Beschwörungen, um Hass hervorzurufen, Liebe, Unwetter, alle Verwüstung im Haus, auf dem Acker. Die Zauberinnen sollen getötet werden, weil sie Diebe sind, Ehebrecher, Räuber, Mörder“, zitierte er die Worte Luthers und segnete sich anschließend mit dem Zeichen des Heiligen Kreuzes.

Der aus Pommern stammende Reformator Johannes Bugenhagen selbst ist es, der im Frühjahr 1526 als Vertrauter und Weggefährte Martin Luthers dessen Predigt zum 17. Vers in Kapitel 22 des zweiten Buch Mose – *Die Zauberinnen sollst du nicht am Leben lassen* – niederschreibt. Darin verkündet Luther, dass solche Frauen ein Kind verzaubern könnten, sodass es ständig schreit und nicht isst und nicht schläft, dass sie geheimnisvolle Krankheiten im menschlichen Knie erzeugen könnten, dass sie Körper und Seelen Schaden zufügen könnten und Tränke verabreichen würden, um Hass oder Liebe hervorzurufen. Zwei Jahre nach Luthers „Hexenpredigt" findet sich Bugenhagen mit seiner Familie in Hamburg wieder – und die Köchin wird verdächtigt, solche Schadenzauber gesprochen zu haben.

„Die Stadt war zu dieser Zeit in einer Krise", schildert Historikerin Dr. Roswitha Rogge den historischen Hintergrund. „Die Missstände in der Kirche hatten überhandgenommen, weswegen lutherische Prediger den Stadtrat zum neuen Glauben überzeugen konnten. In der Folge war es eine Zeit des Umbruchs, bei dem alles bisher Gültige und Gewohnte auf den Prüfstand gestellt wurde." Im April 1528 werden infolgedessen fünf altgläubige Geistliche der Stadt verwiesen. Domdekan Barthold Moller zählt nicht zu ihnen, verlässt Hamburg aber wenige Wochen später dennoch. Die Reformation hält fortan Einzug in die Stadt. „Der Theologe und Reformator Johannes Bugenhagen sollte nach Hamburg kommen und dort das Kirchenwesen, die Armenfürsorge und das Schulwesen neu ordnen." Aus heutiger Sicht, ergänzt die promovierte Historikerin, würden sich die geplanten Veränderungen fortschrittlich und vernünftig anhören, für Zeitgenossen sei es aber auch eine Zeit großer Unsicherheit gewesen: „Alte Werte galten plötzlich nicht mehr, und die Menschen wussten nicht, was die neue Zeit bringen würde."

Am 9. Oktober 1528 erreicht Bugenhagen mit seiner schwangeren Ehefrau Walpurga und ihrem Kind die Stadt und sie beziehen das Haus am Kattrepel, in dem der Domdekan zuvor gelebt hatte. Einen eigenen Diener hatte Bugenhagen mitgenommen, die Köchin des zuvor geflohenen Geistlichen hingegen übernehmen sie. Und diese, so schildert es ein Zeitgenosse, geriet sofort in den Verdacht, etwas im Schilde zu führen: „Etwa eine Woche später soll sie wegen Zauberei verdächtigt und verleumdet worden sein. Es heißt, die Köchin sei gekauft worden, um Bugenhagen mit seiner schwangeren Frau samt Familie in dem Haus zu vergiften." Unter den Augen Walpurga Bugenhagens habe die Köchin Getränke ausgespuckt, die mit Safran zubereitet waren. „Das Gewürz galt zu dieser Zeit zwar als Heilmittel, wurde aber auch als todbringend angesehen", merkt Roswitha Rogge an. Bei einer Überdosis, einer Menge ab etwa fünf Gramm, sorgt Safran für Übelkeit, Durchfall, Blutungen und Schwindel, bei zwanzig Gramm führt es zum Tod. „Das kam einem Skandal gleich", fährt die Historikerin fort. „Im Haus des Theologen, der die Reformation nach Hamburg bringt, soll ein Anschlag durch die Ausübung von Schadenzauber stattgefunden ha-ben!"

Dr. Roswitha Rogge ist promovierte Historikerin, die sich mit dem Thema der Hexenverfolgung in Hamburg sowie weiblichen Handlungsräumen und Geschlechterbeziehungen im spätmittelalterlichen und frühneuzeitlichen Hamburg beschäftigt hat.

Die Köchin wird der Zauberei beschuldigt, gefangengesetzt und gefoltert. Doch Johannes Bugenhagen selbst setzt sich für die Frau ein und erwirkt ihre Freilassung. Wollte Bugenhagen Milde walten lassen, so wie es Luther – entgegen seiner „Hexenpredigt" – in vielen Situationen selbst getan hatte, indem er versuchte, die Beschuldigten zu bekehren, anstatt sie zu bestrafen? Roswitha Rogge, die intensiv zu den Hamburger Hexenprozessen geforscht hat, verfolgt eine andere Theorie: „Der Theologe hatte das nicht etwa getan, weil er nicht an Hexerei glaubte, sondern vielleicht, weil er sein Haus frei von Zaubereiverdacht haben wollte. Ein erwiesener Schadenzauber in seinem Haus hätte auch Bugenhagens Ruf beschädigt und seinem Wirken im neuen Amt nicht gutgetan."

Nach Rückkehr der Köchin in das Haus Bugenhagen kommt es einige Monate später zu einer Tragödie: Im März des darauffolgenden Jahres erleidet die Ehefrau Bugenhagens eine Totgeburt. Der Verdacht fällt sofort auf die Köchin. Doch das Kind, wie der Chronist schildert, habe keinerlei Missbildungen an Gesicht oder Gliedern gehabt. „Sie wurde trotzdem erneut festgenommen und befragt, vielleicht sogar nochmals gefoltert." Trotz der Vorwürfe entgeht die Beschuldigte einer Verurteilung – im Gegensatz zu vielen anderen Frauen sowie wenigen Männern, die der Zauberei und Hexerei beschuldigt werden.

„Bis zum ersten Auftreten der über den Schadenzauber hinausgehenden Vorstellung vom Pakt zwischen Hexe und Teufel in der gerichtlichen Praxis um 1580 wurden in Hamburg dreißig bis vierzig Frauen wegen schadenzauberischer Delikte festgenommen und einige auf dem Scheiterhaufen verbrannt", merkt die Historikerin an. Der Schadenzauber im Verbund mit dem „Abfall von Gott" galt im hamburgischen Stadtrecht von 1270 als besonders schwerwiegendes Verbrechen und wurde wie die Münzfälschung und die Brandstiftung als Kapitalverbrechen angesehen. Die erste bekannte „Schadenzauberin" aus Hamburg, Katherina Hanen, lässt bereits 1444 in den Flammen ihr Leben, zu einem für Norddeutschland sehr frühen Zeitpunkt. Das kirchlich geprägte Bild der Hexe, das besonders in der von Papst Innozenz VIII. 1484 veröffentlichten *Hexenbulle* und im *Hexenhammer* von 1486/87 verbreitet wurde, findet dagegen erst Anfang des 17. Jahrhunderts Eingang in das hamburgische Stadtrecht. Ab dem Jahr 1603 können Menschen in Hamburg nun auch wegen „Paktes mit dem Teufel" verurteilt werden.

Die Schuldzuweisungen treffen in den allermeisten Fällen immer die Frauen – und das aus verschiedenen Gründen: „Die Versorgung des Viehs im Stall und die Zubereitung der Mahlzeiten waren beispielsweise Arbeitsbereiche, in denen vor allem Frauen tätig waren", erklärt die Historikerin den Hintergrund. Sterben also Tiere auf den Weiden, verbirgt sich dahinter eine Zauberin, die mit Kräutern das Land vergiften würde, wie die als Hexe verurteilte Ochsenwerderin Abelke Bleken. Auch Mütter, die bei der Geburt oder Wochenbett ihr Kind verlieren, suchen die Schuldigen bei Geschlechtsgenossinnen – wie im Fall Walpurga Bugenhagens. „Gerade im Kontext von Schwangerschaft und Geburt konnte es zu Ereignissen kommen, die unerklärlich scheinen mochten und vor allem mit sehr starken Emotionen verbunden waren, wie etwa eine Totgeburt oder der Tod eines Kleinkindes", legt die Historikerin in einem Aufsatz zur Hexenverfolgung in Hamburg dar. „In solchen Fällen lag es nahe, dass sich auch die Umgebung emotional stark mit den Betroffenen identifizierte und nach Schuldigen suchte." In diesem Fall traf es die Köchin, die zuvor für den geflohenen Domdekan gearbeitet hatte. Für sie ging der Vorfall am Ende jedoch glimpflich aus: Zwar musste sie sich aus der Haft freikaufen und alle Gefängniskosten selbst bezahlen, doch ihr Leben endete nicht wie das vieler anderer Opfer mit einem grausamen Tod auf dem Scheiterhaufen.

„Gerade im Kontext von Schwangerschaft und Geburt konnte es zu Ereignissen kommen, die unerklärlich scheinen mochten."

Spuren in der Stadt

Das tot geborene Kind von Walpurga Bugenhagen wurde in der St. Petri-Kirche bestattet. An die erste bekannte „Schadenzauberin" aus Hamburg, Katherina Hanen, die 1444 zum Tode verurteilt wurde, erinnert außerdem der gleichnamige Weg in Hamburg-Rissen.

Tag des Herrn

Ein perfekter Mord?

Manon Brill ist angehende Gästeführerin bei den „Stadtspürern" und widmet sich einer neuen Herausforderung: dem Geschichtenerzählen.

Eppendorf, im Frühjahr 1586

Der Müller wusste Bescheid, dessen war sich Hans Gorries sicher. Es waren weniger seine Worte gewesen - er hatte ihm unterstellt, dass man bei solch einem Verhalten etwas Böses im Schilde führe -, sondern sein wissender Blick. Bei dem Gedanken daran wälzte er sich im Bett hin und her. Immerhin war die heutige Fahrt auf dem Mühlenteich nicht wie geplant verlaufen, beruhigte er sich. Denn wäre seine Frau bei dem vermeintlichen Unfall tatsächlich ums Leben gekommen, hätte der Müller sofort Bescheid gewusst. Somit stand allerdings auch fest, dass er nun ein anderes Vorgehen wählen musste. Nach begangener Tat sollte es offensichtlich sein, dass er seine Finger nicht im Spiel gehabt haben konnte, denn Klatsch und Tratsch waren in Eppendorf groß - und der Vorfall auf dem Mühlenteich war inzwischen sicherlich bekannt. Heute Nacht würde er jedenfalls keine Lösung für sein Problem finden, dachte sich der ehemalige Küster und schlief mit dem Wissen ein, dass er seinen nächsten Versuch sorgfältiger planen würde. In den folgenden Wochen zermarterte er sich den Kopf, doch ein guter Einfall wollte sich einfach nicht einstellen - bis er eines Tages einen jungen Burschen beim Angeln beobachtete und sofort wusste, wie er den Mord durchführen konnte.

„Überliefert ist, dass der ehemalige Küster Hans Gorries mit seiner Geliebten Elisabeth Elers im Ehebruch gelebt hat", gibt Gästeführerin Manon Brill die bekannten Umstände wieder. „Da er sie aber auch heiraten wollte, musste er sich zuvor seiner Ehefrau entledigen." Daher nimmt der Eppendorfer seine Frau auf eine Kahnfahrt auf der Alster mit und schaukelt – wie zum Scherz – das Boot hin und her, in der Hoffnung, dass seine Frau – die natürlich nicht schwimmen kann – über Bord gehen würde. Als ihm sein Vorhaben allerdings misslingt, unternimmt er eine zweite Bootsfahrt, wie Stadtchronist Wilhelm Louis Meeder im 19. Jahrhundert den Vorfall schildert. Dieses Mal fahren sie den Mühlstrom zur Eppendorfer Mühle hinauf, damit der ehemalige Küster dort das Boot gegen eine gefährliche Brandung auflaufen lassen kann. „Der Müller wurde aber scheinbar Zeuge der Aktion und beschuldigte Gorries offen, er müsse bei solch einem Manöver böse Absichten haben", erklärt die angehende Gästeführerin bei den „Stadtspürern".

Hans Gorries plant daher eine andere Vorgehensweise, die jeden Mordverdacht von ihm abschütteln sollte: An einem Sonntagmorgen, während die Dorfbewohner in der Kirche sind, bringt er an einem Pflaumenbaum vor seinem Wohnzimmerfenster eine ausgeklügelte Vorrichtung an: „Er hat eine geladene Waffe zwischen die Äste gesteckt und an den Abzug an einen Faden gebunden. Diesen lenkte er dann durch ein Loch tief unten in der Mauer in seine Wohnstube, sodass er den Schuss lösen konnte, wenn er mit dem Fuß an dem Faden zog." Die Waffe ist dabei auf die Stelle gerichtet, an der die Frau immer sitzt. Das Erstaunliche dabei: Sein Plan funktioniert. „Danach beseitigte er schnell Faden und Waffe, indem er beides in die Alster schmiss, und begann zu klagen und wimmern, dass jemand seine Frau durchs Fenstern erschossen hätte", erklärt Manon Brill. Die Dorfbewohner schenken ihm glauben, würden sich doch in letzter Zeit immer wieder junge Männer mit Feuerbüchsen „belustigen". Das perfekte Verbrechen also?

Kurze Zeit später zieht seine Geliebte in das Haus ein, und das Misstrauen unter den Bewohnern Eppendorfs beginnt zu wachsen: Hatte Gorries sich nicht einmal bei einem Zechgelage geäußert, dass er, sobald er seine Frau los sein würde, mit der Elers zusammenziehen würde? Und hatte nicht der Müller von einer wahnsinnigen Fahrt auf dem Mühlenteich berichtet? In der Frohnerei wird Gorries peinlich befragt – und gesteht beim ersten Verhör den Mord an seiner Frau. Am 18. April 1586 wird er zunächst auf dem Hopfenmarkt, dann auf dem Berge, anschließend auf dem Pferdemarkt und zuletzt auf dem Hochgericht vor dem Steintor mit glühenden Zangen gezwickt. Dann sollte er einen qualvollen Tod sterben, dem Tod durch Rädern: Zunächst werden ihm die Knochen gebrochen – wenn der Verurteilte Glück hat, beginnt die Tortur mit dem Gnadenstoß auf das Herz oder den Hals. Anschließend wird der leblose Körper aufs Rad geflochten.

Zwar weicht die Überlieferung voneinander ab – mal zieht er mit dem Fuß an dem Faden, mal hat er diesem um den Hals geschlungen –, doch im Kern decken sich die Überlieferungen insofern, dass er zunächst die beiden Bootsfahrten unternimmt und er danach seine Frau mithilfe seiner ausgeklügelten Vorrichtung umbringt. Und *wie* raffiniert seine Konstruktion sein muss! Zunächst erfordert es großes Geschick, die Waffe im geladenen Zustand am Baum anzubringen, den Faden am Abzug festzumachen, ohne dass sich der Schuss löst oder die Schnur zu locker sitzt, und diese dann durch ein Loch ins Haus zu führen. Anschließend bleibt ihm nur zu hoffen, dass seine Frau nichts bemerkt und dass das Gewehr durch die Wucht des Schusses nicht verrutscht. Dabei gilt es zu bedenken, dass Feuerwaffen aus dieser Zeit nicht mit heutigen Modellen vergleichbar sind: Bis ins beginnende 16. Jahrhundert waren sogenannte Handrohre in Gebrauch, gefolgt von Vorderladern wie die Arkebuse. Das Entscheidende ist jedoch, dass der ehemalige Küster für seinen Plan eine Feuerwaffe benötigte, die über einen bestimmten Abzug verfügt. Zwar gibt es frühe Modelle, bei denen mithilfe eines Hebels eine brennende Lunte mit dem Schießpulver verbunden wird, doch diese Vorrichtung wäre für Gorries nicht praktikabel gewesen, denn dafür hätte er die Lunte vorher anzünden müssen. So bleibt nur ein Mechanismus wie beim „Steinschloss“: Beim Auslösen knallt ein kleiner Feuerstein auf Metall und schlägt dabei Funken, die das Pulver entzünden. Die in dieser Zeit junge Erfindung erforderte allerdings große Sachkenntnis und war zudem sehr gefährlich …

Was auch immer vorgefallen war – in den Bereich der gesicherten Tatsachen fällt die Vollstreckung des Todesurteils am 18. April 1586.

Scheinbar wurde allerdings nicht nur Hans Gorries hingerichtet, sondern auch seine Geliebte Elisabeth Elers. „Sie wusste vermutlich um den Mord, daher wurde sie durch das Schwert gerichtet, das Haupt verbrannt und die Asche in die vier Winde zerstreut“, schildert die Gästeführerin den Inhalt einer Stadtchronik aus dem 19. Jahrhundert. Doch wer weiß, was sich tatsächlich zugetragen hatte – immerhin bezieht sich die Chronik auf Ereignisse, die zu diesem Zeitpunkt bereits mehr als zwei Jahrhunderte in der Vergangenheit lagen. Hatte der Angeklagte die angebliche Vorrichtung im Garten möglicherweise nur erfunden, um seine Geliebte zu schützen, die in Wirklichkeit die Waffe abgefeuert hatte? Oder war es dem ehemaligen Küster tatsächlich gelungen, seinen raffinierten Plan in die Tat umzusetzen? Denn wie heißt es bekanntermaßen: In jeder Legende steckt ein Fünkchen Wahrheit.

„Sie wusste vermutlich um den Mord, daher wurde sie durch das Schwert gerichtet, das Haupt verbrannt und die Asche in die vier Winde zerstreut.“

Spuren in der Stadt

Der Eppendorfer Mühlenteich ist Schauplatz einer der versuchten Morde, den der Müller beobachtet haben soll. Die einstige Mühle bestand dort seit dem 13. Jahrhundert und wurde durch den gestauten Zufluss der Tarpenbek angetrieben.

Hamburg 3044/49

Trümmermörder

Vier Opfer, eine Familie?

Der „Totmacher“ Rudolf Pleil galt als Verdächtiger im Fall des vierfachen Mordes.

Baustraße 20,
20. Januar 1947

„Wir müssen es ihnen erzählen“, sagte Paul und knabberte an seinen Fingernägeln. „Auf gar keinen Fall“, erwiderte das Mädchen schroff. „Was glaubst du, was wir für einen Ärger bekommen“, fuhr sie in einem leiseren Ton fort. Während Paul sich weiter seinen Fingernägeln widmete, setzte sich Hans auf einen großen Haufen Schutt. „Hört mal“, sagte sie nun mit freundlicherer Stimme, „wir hätten hier doch gar nicht sein dürfen. Wenn wir es ihnen erzählen, sind wir dran.“ Das Schweigen ihrer Freunde fasste sie als Zustimmung auf.

„Außerdem", setzte sie an, „spielt es sowieso keine Rolle. Die ist ja schon tot." Unweigerlich erinnerte sie sich an den grausigen Fund. Als sie an einem der vielen Trümmerhäuser vorbeigekommen waren, entdeckten sie einen brachliegenden Kellereingang. Paul hatte Anna die Mutprobe gestellt, in das Untergeschoss zu gehen, in die sie ohne Zögern einwilligte. Nachdem sie die Treppen hinuntergegangen war, verließ sie ihr Mut allerdings für ein paar Momente, denn das wenige Licht ließ sie zunächst nur Umrisse erkennen. Als sich ihre Augen an die Dunkelheit gewöhnt hatten, sah sie etwas Helles auf dem Boden liegen. In der Hoffnung, dass es vielleicht ein Sack Kartoffeln sein könne, näherte sie sich. Dann erkannte sie die Umrisse als einen Menschen. Die Farbe der Haut verriet ihr sofort, dass etwas nicht stimmte – abgesehen davon, dass die Person bei diesen Temperaturen vollkommen nackt im Keller lag. Als sie dann die verdrehten Augen der Frau sah, kreischte sie laut und rannte nach oben.

„Na gut", lenkte Paul ein und rieb sich die kalten Finger, „dann lass uns jetzt wenigstens zurückgehen." Anna nickte zustimmend. Sie waren gerade losgegangen, da überraschte sie ein Mann, der im Schutt offenbar nach noch verwertbarem Trödel suchte. „Was macht ihr hier? Das ist gefährlich!", keifte er die Kinder an und setzte seine Suche auf dem Trümmerfeld fort. „Oh nein", wimmerte Hans, der bisher zu allem geschwiegen hatte. „Was ist?", fragten Paul und Anna gleichzeitig. „Das war der alte Wilhelm. Der erzählt meiner Mutter bestimmt, dass er uns hier gesehen hat." Daraufhin beschlossen die drei Freunde, dass sie ihren Eltern wohl doch besser von dem grausamen Fund erzählen sollten. Schnellen Schrittes setzten sie ihren Weg fort, während ihnen eisiger Wind entgegenblies.

Zwischen dem 24. Juli und dem 3. August 1943 lassen während „Operation Gomorrha“ in Hamburg etwa 34.000 Menschen ihr Leben, als britische und amerikanische Luftstreitkräfte ganze Stadtteile in Schutt und Asche legen. Rund vier Jahre später spielen Kinder in einem Trümmerkeller und entdecken die Leiche einer nackten Frau – es ist das erste bekannte Opfer eines Serienmörders, der in dieser Zeit in der Hansestadt sein Unwesen treibt. Zwanzig Jahre später beschreibt das *Hamburger Abendblatt* die zurückliegenden Ereignisse aus Anlass der Verjährung der Tat – denn erst am 3. Juli 1979 sollte der Bundestag beschließen, dass Mord künftig nicht mehr verjährt.

Das erste Opfer ist eine unbekannte Frau mit blonden Haaren und blauen Augen, die auf etwa achtzehn bis zweiundzwanzig Jahre geschätzt wird. Dass es sich dabei um Mord handelt, steht schnell fest: Die Spuren am Hals deuten auf eine Erdrosselung hin. „Noch bevor die ersten Aufrufe an die Bevölkerung zur Identifizierung der Toten gedruckt waren, alarmierte eine zweite Meldung Hamburg“, schildert das *Hamburger Abendblatt* in seiner Ausgabe vom 14. Februar 1967.

Bereits fünf Tage nach dem Leichenfund wird das zweite Mordopfer an der Lappenbergsallee in Eimsbüttel gefunden. Es handelt sich um die Leiche eines Mannes im Alter von etwa fünfundsechzig bis siebzig Jahren. Und die Übereinstimmungen sind eindeutig: Wie auch das erste Opfer wird der Tote vollkommen entkleidet zwischen Trümmern gefunden. Er besitzt ebenfalls ein gepflegtes Äußeres und weist am Hals Abdruckspuren eines schmalen Bandes auf. Spurenuntersuchungen ergeben, dass die beiden Fundorte nicht den Tatorten entsprechen, vielmehr deuten Schleifspuren darauf hin, dass die Leichen dort nur abgelegt wurden. Noch immer ist die Identität der beiden Opfer nicht bekannt – und von dem Täter fehlt jede Spur.

Die Verunsicherung in der Bevölkerung wächst, schließlich ist die Situation nach Kriegsende tragisch genug: Hamburg liegt noch immer zu großen Teilen in Trümmern, die Menschen leiden Hunger, und eines der kältesten Winter Deutschlands hat die Stadt im Griff – und nun soll auch noch ein Serienmörder umgehen? Umso größer ist der Schock, als am 1. Februar das dritte Opfer gefunden wird. Es handelt sich um ein junges Mädchen. Bereits elf Tage später wird die Leiche einer weiteren Toten geborgen, etwa dreißig bis fünfunddreißig Jahre alt. Die Umstände der Tat sind dabei jedes Mal dieselben, nur die Fundorte unterscheiden sich. „Die Bilder der Ermordeten kursierten in der Presse, der Rundfunk sendete Suchmeldungen. 50.000 Plakate gingen von Hamburg aus in die damaligen vier Besatzungszonen", heißt es in dem Artikel. Auf jeder Litfaßsäule habe die Frage „Wer kennt die hier abgebildeten Personen?" gestanden. Über 1.000 Personen werden einvernommen, doch es fehlt jede Spur – nicht nur vom Mörder, sondern auch zur Identität der Mordopfer. Die Vermutung liegt daher nahe, dass es sich bei ihnen um Durchreisende gehandelt hat.

Grund zur Erleichterung folgt im Jahr 1949: Der vierundzwanzigjährige Kellner Rudolf Pleil, der zwei Jahre zuvor wegen mehrfachen Mordes verurteilt wurde, gesteht während seiner Haft in Celle zwei der vier begangenen Morde in den Trümmerfeldern. Er beschreibt den Tathergang und skizziert die Fundorte. Die Hamburger Mordkommission steht dem Geständnis allerdings skeptisch gegenüber, denn seine Beschreibungen sind ungenau – und die Befürchtungen der Polizei sollten sich bewahrheiten, denn er kann die Beamten nicht zu den echten Tatorten führen. Die Kriminalbeamten stehen wieder am Anfang.

Die Ermittlungen bleiben am Ende ohne jeden Erfolg – bis heute. Im Artikel des *Hamburger Abendblatts* aus Anlass der Verjährung äußert Kriminalrat Hans Lühr, Chef der „Inspektion Tötungsdelikte", eine Theorie: Er denkt, dass die Opfer derselben Familie angehörten, zu der auch der Mörder zählte. Doch das Motiv wird für immer im Dunkeln bleiben müssen, ebenso wie die Identität des mutmaßlichen fünften Familienmitglieds, das mit großer Wahrscheinlichkeit zwischenzeitlich verstorben ist.

Spuren in der Stadt

In einem Trümmerkeller der Bauhofstraße, der heutigen Hinrichsenstraße, haben Kinder die erste Leiche des „Trümmermörders" gefunden.

Feuerteufel

Erinnerungen einer Augenzeugin

Helga Bauer, geborene Mohr, war acht Jahre alt, als in der Alsterschleife die Werkstatt ihres Vaters in Flammen aufging.

An der Alterschleife, 8. März 1934

Mehrmals klingelte es laut an der Türe. Der helle Ton der Messingklingel dröhnte durch das ganz Haus. Helga Mohr erkannte sofort an der Reaktion ihres Vaters, dass es nichts Gutes bedeuten konnte. Hastig drückte er das Besteck auf den Esstisch und sprang von seinem Stuhl auf. Sie sah ihm einen Moment lang nach und beschloss, ihm zu folgen. Bevor sie die offene Türe erreichte, hörte sie die aufgeregten Worte eines Nachbarn vom Kupferteich: „Mohr, ehr Schuppen brennt!“, rief er. Sie stürmte nach draußen, wo sich ihr ein Bild des Schreckens darbot: Die aus Holz gebaute Werkstatt brannte lichterloh. Die ersten Dachziegel fielen bereits hinunter in das Meer aus Flammen, und ohnmächtig musste ihr Vater zusehen, wie sein Lebenswerk verbrannte. Das Feuer verzehrte den Schuppen so schnell, das keine Rettung in Sicht war. Einziger Trost war, dass das Wohnhaus verschont blieb, denn die starken Winde wehten die Funken in die entgegengesetzte Richtung. Dadurch war allerdings das benachbarte Haus in großer Gefahr, das zudem ein leicht entzündliches Strohdach besaß. Glücklicherweise eilten kurze Zeit später einige Männer der Sturmabteilung zu Hilfe, die auf dem Saselberg eine Übung abhielten. Sie waren durch die Alster gewatet und bildeten nun von der Mellingbek, dem kleinen Fluss hinter dem Haus, eine Löschkette bis auf den Dachfirst des Hauses.

Für die Familie Mohr sollte es allerdings noch schlimmer kommen: Da die Brandursache nicht geklärt werden konnte, fiel schnell der Verdacht auf ihren Vater Georg. Die Gerüchte und Spekulationen verbreiteten sich in Poppenbüttel und Lemsahl-Mellingstedt wie ein Lauffeuer. Dass der Wind ausgerechnet so gestanden hatte, dass sein Wohnhaus unbeschadet bleiben würde, war für viele ein klares Indiz. Schließlich sei es nur um seine Werkstatt gegangen: Es hieß, er wolle seinen Betrieb nach Poppenbüttel verlegen, wo er zwei Jahre zuvor ein Grundstück erworben hatte. Selbst nachdem weitere Brände ausbrachen, wie Hennebergs Viehställe, von denen der Vater besagten Bauplatz gekauft hatte, sowie ein Schuppen im nahe gelegenen Moorhof, fiel der Verdacht nicht von ihm ab. Zwar vertraten manche die Meinung, das würde die Unschuld ihres Vaters beweisen, andere hingegen hielten es für eine geschickt inszenierte Ablenkung. Das ganze restliche Jahr sollte es schließlich noch dauern, bis endlich die Wahrheit ans Licht kam.

Helga ist acht Jahre alt, als das Feuer in der Werkstatt ihres Vaters, dem Lemsahler Zimmermann und Architekt Georg Mohr, ausbricht. Mehr als sieben Jahrzehnte später trifft sich Dr. Rainer Hoffmann als Schriftführer des Altervereins mit ihr, um sich über ihren Großvater Ludwig Frahm, nach dem die Schule in Poppenbüttel einst benannt war, zu unterhalten. „In diesem Zusammenhang hat sie mir von dem großen Brand auf ihrem elterlichen Grundstück im Jahr 1934 berichtet", schildert der ehemalige Lehrer das Gespräch mit der Augenzeugin, die in der Zwischenzeit den Namen Bauer angenommen hatte.

Dr. Rainer Hoffmann ist Historiker und ehemaliger Schulleiter des Gymnasiums in Poppenbüttel. In seiner Tätigkeit als Schriftführer des Alstervereins hat er sich vor einigen Jahren mit Helga Bauer unterhalten.

Alles beginnt, als es am frühen Abend des 8. März an der Haustüre der Familie Mohr Sturm klingelt. Ein Nachbar vom nahe gelegenen Kupferteich hatte bemerkt, dass die Werkstatt des Vaters Feuer gefangen hatte. Doch zu diesem Zeitpunkt kommt bereits jede Hilfe zu spät. Zumindest kann – dank der schnell zu Hilfe geeilten SA-Männer – das Nachbarhaus gerettet werden. „Bald geriet Georg Mohr in Verdacht, das Feuer bewusst gelegt zu haben, um so seinen Betrieb an die Harksheider Straße zu verlegen", erklärt Rainer Hoffmann. „Im selben Jahr ging dann der Feuerteufel in Poppenbüttel um. Mehrere Gebäude brannten ab, darunter Viehställe sowie ein Schuppen im Moorhof."

Am 30. Dezember wiederholen sich die dramatischen Szenen an der Alsterschleife: Dieses Mal brennt es beim „Kolonialwaren-Offen", nachdem eine Strohklappe im Stall Feuer gefangen hatte. Nur einen

Tag später eskaliert die Situation erneut: „Am Silvesterabend hat das Mädchen ihren Bruder ‚Feuer' rufen hören", schildert der Schriftführer des Alstervereins die Erinnerungen Helga Bauers. „Gemeinsam mit den Eltern und Feuerlöschern sind sie dann schnell nach draußen gerannt." Betroffen ist an diesem Abend des 31. Dezember das Nachbarhaus, das noch beim ersten Brand im März verschont geblieben war. Der Hausbewohner hilft, das Feuer zu löschen, und die schnell angerückte Feuerwehr kann einen größeren Schaden verhindern. Ein zweites Mal hat der Nachbar Glück gehabt – so zumindest scheinen die Dinge zu liegen. „Doch der Brandmeister hatte mit seiner feinen Nase Petroleumgeruch erschnuppert und fand im Dachüberstand eine mit dem Brandbeschleuniger getränkte Unterhose", offenbart Rainer Hoffmann die Umstände. Der Nachbar wird von der Polizei verhört.

Ihr Großvater, so erinnerte sich Helga Bauer, soll damals gesagt haben: „Wenn de Aas dat west is, dann seggt he dat. De kann nich lang lögen. Dat kunn he all in de School nich!" Heißt: Der Nachbar habe bereits in der Schule nicht gut lügen können – und wenn er tatsächlich schuldig war, würde er schnell einknicken. „Und so kam es dann auch. Er gestand, sein Haus und auch den Betrieb angesteckt zu haben." Das Motiv: klassischer Versicherungsbetrug. „Der Nachbar wollte sich mit dem Geld ein neues Geschäft in seinem Garten an der Twelenbek errichten und dort einen Fahrradhandel aufziehen", erklärt Hoffmann. Er hatte die starken Winde im März 1934 nutzen wollen, um so die Flammen von der Werkstatt auf sein eigenes Haus überschlagen zu lassen. Sein Plan war insofern gelungen, dass der Verdacht nie auf ihn gefallen war. Erst mit dem Brand am 31. Dezember fiel jeder Verdacht von Georg Mohr ab.

Spuren in der Stadt

Das Haus des Brandstifters liegt an der Alsterschleife 3, das heute ein Fischrestaurant beherbergt.

Saphirblau

Eine Frau, viele Gestalten

Ein Goldschmied schmilzt in Anwesenheit eines Notars den Schmuck einer Frau ein, ein Gemälde von Jan Steen, entstanden um das Jahr 1670.

Pferdemarkt, im Sommer des Jahres 1618

„Wirklich?“, fragte die junge Frau. Ihre blaugrauen Augen schimmerten wie Sonnenlicht, das sich auf der offenen See spiegelt. „Wirklich!“, antwortete die gut gekleidete Dame und beobachtete, wie ihre Gesprächspartnerin verträumt in die Ferne schaute und sich dabei eine Strähne goldgelben Haars um den Finger wickelte. „Es ist so, wie ich es dir sage“, schob sie hinterher und fasste die Schönheit an der Schulter, um sie weiter die Straße entlangzuführen. „Rede einfach ein bisschen mit ihm.“

Nach einer inszenierten Zufallsbegegnung auf dem Platz hatte sie der Tochter des Barbiers Komplimente über ihre Erscheinung gemacht – sie wusste, wie empfänglich sie dafür war – und ihr zugeredet, wie sehr doch ein hübscher Schmuckstein ihren Augen schmeicheln würde. Ob nicht nebenan ein Juwelier sei, hatte sie die junge Frau gefragt und ihr sogleich den Plan vorgelegt: Sie selbst würde zum Goldschmied gehen und diesen nach draußen vor die Türe locken. Dort müsste sich die hübsche Barbierstochter nur mit ihm unterhalten, dann würde der alte Mann – darüber sei sie sich ganz sicher – rasch selbst auf die Idee kommen, ihr ein solches Schmuckstück anzufertigen.

Angekommen am Ziel, betrat die Dame den Laden und begrüßte den Goldschmied freundlich. „Ich bin hier mit meinem Mann verabredet. Es stört Sie doch nicht, dass ich hier im Schatten warte? Draußen ist es fürchterlich heiß“, erklärte sie dem Juwelier, der ihr mit einem Nicken zustimmte und sich wieder seiner Arbeit widmete. Unauffällig ließ sie ihren Blick durch den Raum schweifen. Im hinteren Teil befanden sich Regale voller Bücher und Schreibutensilien, in der Mitte der Werkstatt saß der bereits ergraute Goldschmied auf einem kleinen Hocker vor der großen Feuerstelle. Ringsum lagen auf den

Tischen und Bänken verteilt kleine Schmelztiegel, Werkzeuge und unterschiedliche Gefäße. Das, wonach sie gesucht hatte, befand sich direkt neben dem alten Mann auf einer kleinen Ablage: geschliffene und unbearbeitete Edelsteine, Perlen und unfertige Schmuckstücke.
„Meine Güte!“, stieß sie hervor und stellte sich neben den Goldschmied. „Solch ein schöner Stein!“, staunte sie und zeigte auf ein kleines blauschimmerndes Exemplar. „Daraus ließen sich doch schöne Ohrringe machen, oder nicht?“
„Sicherlich“, bestätigte der Goldschmied und schlug ihr vor, nach draußen ins Sonnenlicht zu gehen. Dort angekommen musterte sie das Steinchen erneut und hielt dabei unauffällig Ausschau nach der jungen Frau, die bereits direkt auf die beiden zusteuerte. „Er gefällt mir doch nicht“, verkündete die Dame harsch und drückte dem Schmied den Edelstein in die Hand. „Ich warte im Schatten auf meinen Ehemann“, schob sie hinterher. Den Wortfetzen nach zu urteilen, die ihr beim Betreten der Werkstatt in ihre Ohren drangen, zeigte der Goldschmied der jungen Frau gerade den Stein.
In weniger als einer Minute war es erledigt. Sie verließ den Laden und erklärte dem Juwelier, dass ihr die Hitze heute gar nicht bekommen würde und ob er nicht ihrem Gatten ausrichten könne, dass sie bereits auf dem Nachhauseweg sei. Dieser nickte ihr kurz zu und widmete sich danach wieder der Barbierstochter.
Es kostete sie einige Mühe, nicht sofort loszurennen. Erst an der nächsten Kreuzung beschleunigte sie ihren Gang. Dort zog sie sich in eine Gasse zurück, legte das schwere Kleid ab und packte es in eine Tasche, gemeinsam mit den zahlreichen Edelsteinen und Perlen, die sie aus dem Laden entwendet hatte ...

In Hamburg kennt sie die Bevölkerung als „Puzzenmakersche" – eine alte holsteinische Bezeichnung für eine Betrügerin. Seit längerer Zeit schon treibt sie ihr Unwesen in der Stadt, und das mit großem Erfolg. Jedes Mal aufs Neue gibt sich die hochgewachsene und gut aussehende Frau als jemand anderes aus: „Mal trat sie als ehrbare Bürgersfrau, mal als vornehme Dame aus der Fremde, mal als altes Bettelweib in Erscheinung", erklärt Gudrun Nissen, die sich als Gästeführerin intensiv mit Hamburgs Geschichte und Kultur beschäftigt. „Je nach passender Rolle veränderte sie nicht nur ihr Äußeres, sondern passte auch Gestik und Ausdrucksweise an." Sie soll so erfolgreich darin gewesen sein, hält der Hamburger Archivar Otto Beneke etwa 200 Jahre nach ihrer Zeit fest, dass sie den Menschen „das Bett unterm Leibe und die Kleider vom Körper geschwatzt" haben soll.

Als Gästeführerin gibt die gelernte Steuerfachfrau Gudrun Nissen gerne Führungen, bei denen die Fantasie gefragt ist, beispielsweise wenn es um die Entstehung der Stadt geht.

Ihren letzten „Coup" landet sie schließlich in einem Juwelier am Pferdemarkt. „Der Platz befand sich dort, wo heute der Gerhart-Hauptmann-Platz liegt", beschreibt die Gästeführerin die Ausmaße des ehemaligen Pferdemarkts, der sich früher beinahe bis zur Kirche St. Jacobi erstreckte. Wie heute ist die Freifläche in dieser Zeit von verschiedenen Gebäuden und Häusern umgeben, darunter auch besagter Goldschmied. „Anscheinend hatte sie den Juwelier in eine Unterhaltung mit der hübschen Tochter des Barbiers verwickelt, der sein Geschäft nebenan gehabt hatte", schildert Gudrun Nissen die bekannten Umstände. Ins angeregte Gespräch vertieft – direkt vor seiner Türe – ist der sonst eigentlich vorsichtige Mann so abgelenkt, dass die Diebin unbemerkt Wertgegenstände aus dem Laden entwenden kann. Was genau sie stiehlt, ist nicht überliefert, ebenso wenig wie das Datum des Diebstahls. Auch nicht, wie es ihr gelungen war, den Goldschmied und die hübsche Frau in ein angeregtes Gespräch zu verwickeln. Bekannt ist hingegen, was danach geschah: „Sie wurde beim Verkauf der Beute erwischt", erklärt die Hamburgerin. Es war ihr letzter Diebstahl, denn das Urteil fällt harsch aus: Tod am Galgen.

Am 15. März 1619 wird die Strafe vollzogen. Sie ist einer der wenigen Frauen in Hamburg, die überhaupt gehenkt werden; im Jahr 1701 beispielsweise erhält eine andere Frau wegen Diebstahl verurteilte „Puzzenmakersche" dasselbe Urteil, die zuvor drei Mal wegen ihrer Vergehen gebrandmarkt worden war. Solche Verbrechen wurden beim weiblichen Geschlecht üblicherweise anders geahndet, entweder mit einer Gefängnisstrafe oder in schweren Fällen mit dem Tod durch das Schwert. Doch in diesem Fall – vermutlich wegen der großen Zahl an Delikten – wurde für die Diebin der Galgen als Strafe festgelegt. „Aus Anstand wurden ihr dann Hosen unter dem Rock angezogen", merkt Gudrun Nissen an. Eine große Ironie, denn am häufigsten schlüpfte diese „Puzzenmakersche" bei ihren Diebstählen und Betrügereien die Verkleidung eines Mannes.

Spuren in der Stadt

Seit 1266 befand sich der Pferdemarkt dort, wo heute der 1946 nach dem deutschen Literaturnobelpreisträgers benannte Gerhart-Hauptmann-Platz liegt. Einst erstreckte sich der Platz bis zum heutigen Ida-Ehre-Platz auf der anderen Seite der Mönckebergstraße.

Quellen- und Literaturverzeichnis

Arbeitskreis Aufarbeitung Hexenverfolgung: Hexenpredigt von Martin Luther, Artikel vom 26.05.2017. URL: https://www.hexenprozesse-leipzig.de/?p=60. Abgerufen am 21.07.2023.

Bahnsen, Uwe: Verbrecherjagd mit modernsten Methoden. Welt am Sonntag, Artikel vom 16.10.2005. URL: https://www.welt.de/print-wams/article133361/Verbrecherjagd-mit-modernsten-Methoden.html. Abgerufen am 30.08.2023.

Bahnsen, Uwe: Tod unterm Fallbeil: die Engelmacherin von St. Pauli. Welt am Sonntag, Artikel vom 23.01.2005. URL: https://www.welt.de/print-wams/article120605/Tod-unterm-Fallbeil-die-Engelmacherin-von-St-Pauli.html. Abgerufen am 29.08.2023.

Bast, Eva-Maria: Hamburger Frauen – Historische Lebensbilder aus der Stadt an der Elbe. Überlingen 2019.

Bärmann, Georg Nikolaus: Hamburgische Chronik von Entstehung der Stadt bis auf unsere Tage, Band 2. Hamburg 1822, S. 529f.

Beneke, Otto: Hamburgische Geschichten und Denkwürdigkeiten. Hamburg 1856, S. 110-118, 136f., 140-142.

Beneke, Otto: Hamburgische Geschichten und Sagen. Hamburg 1854, S. 107-109, 205-218.

Bertram, Dick (Hrsg.): Julius Adolf Petersen: Lebensschilderungen. Die Autobiographie des „Lord von Barmbeck (1882-1933). Norderstedt 2022, S. 13-18, 84, 152.

Blazek, Matthias: Seeräuberei, Mord und Sühne. Eine 700-jährige Geschichte der Todesstrafe in Hamburg 1292-1949. Stuttgart 2012, S. 11-13, 42-44, 68f., 74f., 84f., 88-91, 100, 102f., 115-118, 124f.

Bödeker, Hans Erich: Jenseits der Diskurse: Aufklärungspraxis und Institutionenwelt in europäisch komparativer Perspektive. Veröffentlichungen des Max-Planck-Instituts für Geschichte, Band 224. Göttingen 2007, S. 421-429.

Brack, Robert: Nachforschungen im Staatsarchiv während der Arbeit an dem Roman „Und das Meer gab seine Toten wieder". In: Frank, Joachim W.; Brakmann, Thomas (Hrsg.): Aus erster Quelle. Beiträge zum 300-jährigen Jubiläum des Staatsarchivs der Freien und Hansestadt Hamburg. Hamburg 2013, S. 191-200.

Brack, Robert: Und das Meer gab seine Toten wieder. Hamburg 2008.

Dies, Richard: Thomas Rücker – Der Axtmörder aus Altona. URL: https://www.true-crime-story.de/axtmoerder-flottbek. Abgerufen am 29.08.2023.

Dreves, Leberecht (Hrsg.): Leben des heiligen Ansgar: zu dessen tausendjähriger Todesfeier am 3. Februar 1865. Rimbertus, Hamburgensis: Leben des heiligen Ansgar. Paderborn 1864, S. 55-57.

Friedländer, Hugo: Interessante Kriminal-Prozesse von kulturhistorischer Bedeutung. Darstellung merkwürdiger Strafrechtsfälle aus Gegenwart und Jüngstvergangenheit. Berlin 1910, S. 7-16, 157-170.

Gall, Insa: Stoltzenberg-Skandal: Giftstoffe in riesiger Menge ungesichert – ein Kind stirbt. Hamburger Abendblatt. URL: https://www.abendblatt.de/hamburg/kommunales/article239149911/Giftstoffe-in-riesiger-Menge-ungesichert-ein-Kind-stirbt.html. Abgerufen am 14.09.2023.

Gobert, Renata Klée: Die Bau- und Kunstdenkmale der Freien und Hansestadt Hamburg, Band III. Hamburg 1968.
Hamburger Abendblatt: Der Trümmermörder kann noch mitten unter uns leben. Artikel vom 14.02.1967.

Hamburger Abendblatt: Rätsel um den Trümmermörder. Artikel vom 27.09.1952.

Hamburger Abendblatt: Fragwürdiges Geständnis. Artikel vom 07.03.1949.

Hamburger Abendblatt: Mordkommission wartet ab. Artikel vom 28.02.1949.

Hamburger Correspondent, Städtische Notizen. Ausgabe vom 13.06.1854, S. 6.

Hamburger Feuerwehr-Historiker e.V.: 1842 – Der große Hamburger Brand. URL: http://feuerwehrhistoriker.de/download/brand_1842.pdf. Abgerufen am 31.07.2023.

Hamburg Journal: Deutschlands erste Bankräuberin – die „Banklady". URL: https://www.ardmediathek.de/video/hamburg-journal/hamburg-damals-deutschlands-erste-bankraeuberin-die-banklady/ndr-hamburg/Y3JpZDovL25kci5kZS8wNTIyZjFlMy05MDk5LTQzNmQtYjc1MC0wZmJjNmY1NzgxZDA. Abgerufen am 14.09.2023.

Herder, Daniel: Als die „Trümmermorde" die Stadt erschütterten. Hamburger Abendblatt, Artikel vom 12.02.2022.

Hitzig, Julius E.; Häring, W. (Hrsg.): Der neue Pitaval. Eine Sammlung der interessantesten Kriminalgeschichten aller Länder aus älterer und neuerer Zeit, 19. Teil. Leipzig 1852, S. 405-450.

Huhtasaari, Hanna: Opium und Pils vom Fass. Hamburgs vergessene Chinatown. Spiegel Geschichte, Artikel vom 06.09.2008. URL: https://www.spiegel.de/geschichte/hamburgs-vergessene-chinatown-opium-und-pils-vom-fass-a-947840.html. Abgerufen am 26.07.2023.

Iken, Katja: Banklady Gisela Werler – Mit Schirm, Charme und Pistole. Spiegel Online, Artikel vom 14.12.2007. https://www.spiegel.de/geschichte/banklady-gisela-werler-a-948912.html. Abg. a. 14.09.2023.

Kastendieck, Hanna: Kampf um ein Stück altes Barmbek. Hamburger Abendblatt, Artikel vom 05.10.2011. URL: https://www.abendblatt.de/hamburg/kommunales/article108132177/Kampf-um-ein-Stueck-altes-Barmbek.html. Abgerufen am 18.05.2023.

Knuth, Ariane: Julius Adolf Petersen. In: Kopitzsch, Franklin; Brietzke, Dirk (Hrsg.): Hamburgische Biografie-Personenlexikon, Band 2. Göttingen 2003, S. 320.

Kord, Susanne: Der Fall Wächtler: Die Hamburger Flugblattliteratur zur Folter (1788) und die Lust am Lesen. Zeitschrift für Germanistik. Neue Folge, Vol. 19 (2), 2009, S. 346-360.

Kühl, Janine: Als Hamburgs Straßen von Gas erleuchtet wurden. NDR, Hamburg Journal, Artikel vom 04.10.2020. URL: https://www.ndr.de/geschichte/chronologie/Gaslaternen-erleuchten-vor-175-Jahren-Hamburgs-Strassen-,gaslaternen100.html. Abgerufen am 31.07.2023.

Lappenberg, Johann; Tratziger, Adam: Tratziger's Chronica der Stadt Hamburg. Hamburg 1865, S. 106f.

Leisner, Barbara: Die Verlegung der Begräbnisplätze in Hamburg um 1800. OHLSDORF - Zeitschrift für Trauerkultur, Nr. 150, III, 2020. URL: https://www.fof-ohlsdorf.de/nr-150-iii-2020/die-verlegung-der-begraebnisplaetze-hamburg-um-1800. Abgerufen am 07.05.2023.

Martschukat, Jürgen: Inszeniertes Töten. Köln 2000, S. 220, 222-234.

Müller-Wille, Michael: Ansgar und die Archäologie. Der Norden und das christliche Europa in karolingischer Zeit. Germania 82, 2004, S. 431-458.

NDR: Der Hamburger Hafen 1958: Schichtwechsel auf der Werft. Norddeutsche Geschichte(n), Beitrag vom 23.06.1958. URL: https://www.ardmediathek.de/video/norddeutsche-geschichte-n/der-hamburger-hafen-1958-schichtwechsel-auf-der-werft/ndr/Y3JpZDovL25kci5kZS9hNmIwZDMwZi05MzMwLTQwMmYtYmRmZS1mNzJkNWI1ZmU4NWQ. Abgerufen am 26.07.2023.

Nestler, Friedrich Hermann (Hrsg.): Hamburg und Altona. Eine Zeitschrift zur Geschichte der Zeit, der Sitten und des Geschmacks. Zweiter Jahrgang, erster Band. Hamburg 1803, S. 126.

Nienhaus, Ursula: „Nicht für eine Führungsposition geeignet": Josephine Erkens und die Anfänge weiblicher Polizei in Deutschland 1923-1933. Münster 1999.

Peplow, Christian: „Klar zum Entern?" Über den Alltag auf See zur Zeit der Hanse. In: Europäisches Hansemuseum Lübeck: Evers, Franziska; Holst, Friederike; Rohmann, Gregor (Hrsg.): Störtebeker & Konsorten. Piraten der Hansezeit? Kiel/Hamburg 2019, S. 55-62.

Reincke, Heinrich: Forschungen und Skizzen zur Hamburgischen Geschichte. Veröffentlichungen aus dem Staatsarchiv der Hansestadt Hamburg. Band III. Hamburg 1951, S. 108-118, 124-148.

Reincke, Heinrich: Agneta Willeken. Ein Lebensbild aus Wullenwevers Tagen. Pfingstblätter des Hansischen Geschichtsvereins Band XIX. Lübeck 1928.

Rogge, Roswitha: Hamburg - Hexenverfolgungen. In: Gersmann, Gudrun; Moeller, Katrin; Schmidt, Jürger-Michael (Hrsg.): Lexikon zur Geschichte der Hexenverfolgung. URL: https://langzeitarchivierung.bib-bvb.de/wayback/20190716091431/https:/www.historicum.net/themen/hexenforschung/lexikon/alphabetisch/h-o/artikel/hamburg-hexen/. Abgerufen am 24.08.2023.

Rogge, Roswitha: Abelke Bleken. Datenbank der Hamburger Frauenbiografien. URL: https://www.hamburg.de/clp/frauenbiografien-suche/clp1/hamburgde/onepage.php?BIOID=4254&qN=Bleken. Abgerufen am 10.05.2023.

Rogge, Roswitha: Hexenverfolgung in Hamburg? Schadenszauber im Alltag und in der Justiz. Geschichte in Wissenschaft und Unterricht 1995 (46), S. 381-401.

Rohmann, Gregor: Was waren die „Vitalienbrüder“ und was hat Lübeck damit zu tun? In: Europäisches Hansemuseum Lübeck: Evers, Franziska; Holst, Friederike; Rohmann, Gregor (Hrsg.): Störtebeker & Konsorten. Piraten der Hansezeit? Kiel/Hamburg 2019, S. 27-34.

Rohmann, Gregor: Klaus Störtebeker und die Vitalienbrüder. In: Fried, Johannes; Rader, Olaf B. (Hrsg.): Die Welt des Mittelalters. Erinnerungsorte eines Jahrtausends. München 2011, S. 246-260.

Rösseler, Marko: Panzerknacker Adolf Petersen schreibt 1927 seine Memoiren. WDR ZeitZeichen, Beitrag vom 22.12.2022. URL: https://www1.wdr.de/radio/wdr5/sendungen/zeitzeichen/zeitzeichen-adolf-petersen-lord-von-barmbeck-100.html. Abgerufen am 18.05.2023.

Schampier, Andrea: Agneta Willeken. Ein historischer Roman. Fischerhude 2011, S. 282-301.

Schurich, Frank-Rainer: Zwischen Altona und Blankenese. Das Blättchen. Zweiwochenschrift für Politik, Kunst und Wirtschaft. 16. Jahrgang, Nr. 13 vom 24. Juni 2013. URL: https://das-blaettchen.de/2013/06/zwischen-altona-und-blankenese-25505.html. Abgerufen am 29.08.2023.

Schwalm, Jakob; Korner, Hermannus: Die Chronica Novella des Hermann Korner. Cronica novella bis 1420, Danziger Handschrift (Fassung A) und Entwurf der Chronik bis 1416. Göttingen 1895, S. 87f. URL: https://www.digi-hub.de/viewer/toc/BV042516931/1/. Abgerufen am 07.05.2023.

Spiegel Politik: Deutschlands Schmuggler. Am Caffeehandel betheiligt. Artikel vom 05.07.1950. URL: https://www.spiegel.de/politik/deutschlands-schmuggler-a-7566507e-0002-0001-0000-000044448859?context=issue. Abgerufen am 26.07.2023.

Stahl, Volker: Der Axtmörder aus Altona: Als 1906 der Tod im Zug nach Blankenese mitfuhr. SHZ, Artikel vom 27.02.2023.

Stiftung Luthergedenkstätten in Sachsen-Anhalt: Interview mit Dr. Kai Lehmann, Kurator der Ausstellung „Luther und die Hexen“. URL: https://www.luther2017.de/wiki/hexen/kai-lehmann-martin-luther-glaubte-fest-an-hexen/index.html. Abgerufen am 21.07.2023.

Stiftung Hamburger Gedenkstätten und Lernorte: Geschichte. URL: https://stadthaus.gedenkstaetten-hamburg.de/de/. Abgerufen am 07.05.2023.

Strothmann, Dierk: Der Herr der Todesgifte. Hamburger Abendblatt, Artikel vom 05.09.2009. URL: https://www.abendblatt.de/vermischtes/journal/article107553320/Der-Herr-der-Todesgifte.html. Abg. a. 14.09.2023.

Theuerkauf, Gerhard: Urkundenfälschungen der Stadt und des Domkapitels Hamburg in der Stauferzeit. In: Jasper, Detlev (Hrsg.): Fälschungen im Mittelalter. Monumenta Germaniae Historica Schriften, Band 33, III. Diplomatische Fälschungen (I). Hannover 1998, S. 397-431.

Trummer, Carl: Vorträge über Tortur, Hexenverfolgungen, Vehmgerichte, und andere merkwürdige Erscheinungen in der hamburgischen Rechtsgeschichte: gehalten in der juristischen Section des geschichtlichen Vereins in Hamburg, Band 1. Hamburg 1844, S. 89-92, 111-116, 145-147.

Weiss, Rainer-Maria (Hrsg.): Hammaburg. Wie alles begann. Veröffentlichung des Archäologischen Museums Hamburg und des Stadtmuseums Harburg Nr. 108. Hamburg 2001.

Bildnachweis

Cover	CC BY-SA 4.0 Foto: Georg Koppmann
S. 18, 23, 31, 45, 67, 75, 160, 182	privat
S. 32	CC BY-SA 4.0, Verbum
S. 58	CC BY-SA 3.0, UweRohwedder
S. 70	CC BY-SA 3.0, RABoe/Wikipedia
S. 85	Lennart Pieper, Münster
S. 114	Public Domain
S. 121	Sara-Isabel Conrad
S. 138	Mobile Geschichtswerkstatt Eidelstedt
S. 141	U. Striepe
S. 144	Archäologisches Museum Hamburg
S. 149	Archäologisches Museum Hamburg
S. 157	Roswitha Rogge
S. 172	PA Rainer Hoffmann
S. 176	PA Rainer Hoffmann

SIE WOLLEN NOCH MEHR ÜBER

Hamburg

WISSEN?

Hier gibt es sachkundige Informationen:

Ev.-luth. Hauptkirche St. Jacobi
KirchenKunst um 13 Uhr nach der Mittagsandacht
Jeden 1. und 3. Dienstag im Monat
Kirchenführung zum Café mit Turm und Aussicht um 12.30 Uhr
1. Sonnabend im Monat / Mai-Oktober

Jakobikirchhof 22
20095 Hamburg
Tel.: 040 / 30 37 37 0
E-Mail: info@jacobus.de
Homepage: www.jacobus.de
Öffnungszeiten:
Mo. bis Sa. 11-17 Uhr,
So. nach dem Gottesdienst bis 17 Uhr

Geschichtswerkstätten Hamburg
Die GW befassen sich mit Vergangenheit, Gegenwart und Zukunft von über 60 Hamburger Stadtteilen, verwalten in den „Bürgerarchiven vor Ort" hunderttausende Fotos und Dokumente weitgehend aus Privatbesitz und sichern sie durch Digitalisierung auch für künftige Generationen. Aktuell werden 140 Publikationen angeboten und sechs Denkmäler der Freien und Hansestadt Hamburg von den GW gepflegt. Zudem beraten diese Archivbesucher, erarbeiten Rundgänge, präsentieren Ausstellungen und führen Veranstaltungen durch.

Geschichtswerkstätten Hamburg e.V.
Zeißstraße 28
22765 Hamburg-Ottensen
Tel.: 0157 / 518 178 86
E-Mail:
info@geschichtswerkstaettenhamburg.de

Hamburg Dungeon
Das Hamburg Dungeon ist eine einzigartige Attraktion, die in Hamburgs dunkle Vergangenheit entführt. Echte Schauspieler*innen, wahre Geschichten und düstere Gestalten erwecken die dunkle alte Zeit zum Leben.

Kehrwieder 2
20457 Hamburg
Tel.: 040 / 36 00 55 00
E-Mail: info@hamburgdungeon.com
Homepage:
https://www.thedungeons.com/hamburg/
Öffnungszeiten:
Mo. bis Fr. und So. von 10-17 Uhr,
Feiertags sowie Sa. 10-18 Uhr mit saisonbedingten Anpassungen.

Mobile Geschichtswerkstatt Eidelstedt
Stadtteilführungen zu verschiedenen Themen in Eidelstedt, meist mit dem Fahrrad.

Wolfgang Wallach
Goldregenweg 14
22523 Hamburg
Tel.: 040 / 57 12 04 9
E-Mail: wpg.wallach@t-online.de
Homepage:
https://eidelstedt.info/kultur_freizeit/mobile-geschichtswerkstatt-eidelstedt/

Gudrun Nissen
Führungen mit Gudrun Nissen zu den Sehenswürdigkeiten von Hamburg, auch zu den historischen Spuren der Geschichte der Stadt.

Gudrun Nissen
Tel.: 0178 / 814 385 3
E-Mail: gudrunnissen55@gmail.de

Ingo Vierk
Touren zu „Den Pfeffersäcken auf der Spur..." oder „Hört Ihr Leut` und lasset Euch sagen...".

Ingo Vierk
21502 Geesthacht
Binsenstieg 65
Tel.: 04152 / 83 65 05 oder
0175 / 682 684 4
E-Mail: ingo.vierk@web.de
Homepage:
www.speicherstadt-touren.de

Europäisches Hansemuseum Lübeck
Einzigartige interaktive Ausstellung mit der Möglichkeit, edle Stoffe zu berühren, die aufregende Atmosphäre eines Hansetages zu erleben und angesichts der Pest zu schaudern. Die Hanse war eines der mächtigsten Handelsnetzwerke des Mittelalters. Ihren Einfluss auf Wirtschaft, Politik und Kultur des Nord- Und Ostseeraums ist bis heute spürbar.

An der Untertrave 1
23552 Lübeck
Tel.: 0451 / 80 90 990
E-Mail: info@hansemuseum.eu
Homepage: www.hansemuseum.eu
Öffnungszeiten:
Täglich 10-18 Uhr (außer 24.12.)

Archäologisches Museum Hamburg

Das „Museum – Die Bischofsburg"
Mehr zur Archäologie Norddeutschlands bietet die neue Museumsdependance des Archäologischen Museums Hamburg, das „Museum – Die Bischofsburg".
Tief unter dem heutigen Hamburger Straßenniveau gelegen, präsentiert sich diese faszinierende Außenstelle des Archäologischen Museums Hamburg. Nach umfassender Neugestaltung wurden die Fundamente von Hamburgs ältestem erhaltenen Gebäude nahe der historischen Hammaburg frisch in Szene gesetzt. Das Turmfundamentaus dem 12. Jahrhundert lädt nun dazu ein, auf ganz neue Weise in die mittelalterliche Geschichte Hamburgs einzutauchen. Nach neuesten Forschungen könnte es sich sogar um das Fundament des ältesten Hamburger Stadttores handeln. Die Ausstellung wurde nicht nur neu gestaltet, sondern auch ergänzt um die neuesten Forschungsergebnisse zu den bedeutendsten archäologischen Denkmälern der Hamburger Innenstadt: Hammaburg und Neue Burg, beide in Nähe gelegen.

Museum – Die Bischofsburg: Speersort 10, 20095 Hamburg
Öffnungszeiten: Mo.-Sa: 11-16 Uhr Eintritt: frei

Archäologische Ausstellung des Museums in Hamburg-Harburg
Das Museum bietet regelmäßig für Kinder und Jugendliche ebenso wie für Erwachsene ein umfangreiches Angebot an Mitmachaktionen wie „Feuermachen auf Steinzeitart" oder „Höhlenmalerei" sowie Führungendurch die Ausstellungen und Stadtrundgänge.

Archäologisches Museum Hamburg:
Museumsplatz 2, 21073 Hamburg,
Tel. 040 / 42871-2497; Öffnungszeiten: Di.- So.: 10-17 Uhr
Weitere Informationen unter: amh.de

Die Stadtspürer

Geheimes Hamburg

Hamburg – eine Hochburg der Geheimbünde! Freimaurer, Tempelritter, Alchimisten – sie alle haben ihre Spuren in der Hansestadt hinterlassen. Auf dieser Tour entdecken wir offensichtliche und versteckte Hinweise auf ihr mysteriöses Wirken ...

Mystisches Hamburg

Es geht um mythische und mystische Plätze in der Altstadt, Sagen und Legenden, die sich um sie ranken, das Entziffern von Zeichen und Symbolen an den Fassaden von Kirchen und Bürgerhäusern. So führen die Touren mit jedem Schritt tiefer in die fantastische und mythenreiche Welt der Hansestadt.

Schauriges Hamburg

Dieser Tour führt an Plätze, an denen sich gar grausliches zugetragen haben soll – und wo die Aura von Fluch und Unheil noch heute zu spüren ist. Bei diesem Rundgang durch das schaurige Hamburg zeigen sich die tiefen Abgründe Hamburgs.

Die Stadtspürer
Weidner & Max GmbH
Färbergraben 12
80331 München
Tel.: 089 / 27375707
E-Mail: info@stadtspuerer.de
Homepage: https://www.stadtspuerer.de/
Unsere Bürokernzeiten (nur telefonisch):
Montag bis Donnerstag, 9 bis 16 Uhr. Freitags 9-13 Uhr

Publikationen:

Brack, Robert: Und das Meer gab seine Toten wieder. Hamburg 2008.

Brack, Robert: Schwarzer Oktober. Hamburg 2023.

Europäisches Hansemuseum Lübeck (Hrsg.): Störtebeker & Konsorten. Piraten der Hansezeit? Kiel/Hamburg 2019.

Rogge, Roswitha: Hamburg - Hexenverfolgungen. In: Gersmann, Gudrun; Moeller, Katrin; Schmidt, Jürger-Michael (Hrsg.): Lexikon zur Geschichte der Hexenverfolgung. URL: https://kurzelinks.de/xo4t.

Rogge, Roswitha; Urbanski, Silke: Frauen in der Zeit der Reformation. Materialien für den Geschichtsunterricht, in: Digitales Hamburg-Geschichtsbuch: https://kurzelinks.de/7xnv.

Schampier, Andrea: Agneta Willeken. Ein historischer Roman. Hamburg 2007.

Schampier, Andrea: Agneta Willeken. Ein historischer Roman aus Hamburg und Lübeck. Fischerhude 2011.

Haftungsausschluss

Trotz intensiven Austauschs mit unseren Gesprächspartnern, gewissenhafter Literaturrecherche und aufmerksamem Korrekturlesen erheben wir weder einen Anspruch auf Vollständigkeit noch auf Fehlerlosigkeit. Wir haben streng darauf geachtet, keine Urheberrechte zu verletzen, unsere Recherchen sind nach bestem Wissen und Gewissen erfolgt. Dennoch übernehmen wir keinerlei Gewähr für die Aktualität, Korrektheit oder Vollständigkeit der bereitgestellten Informationen. Haftungsansprüche gegen uns schließen wir grundsätzlich aus.